AU CŒUR DU SUJET

CHÂTEAUX ET PLACES FORTES

▼ L'île de Haïti, aux Antilles, se dota de la citadelle Laferrière entre 1804 et 1817 ; depuis peu indépendante, elle la fit construire pour empêcher une éventuelle attaque de la France, son ancienne puissance coloniale. Ses architectes allemands y furent emprisonnés pour qu'ils ne puissent pas en révéler les secrets. Cette forteresse est maintenant classée au patrimoine mondial de l'Unesco (Organisation des Nations unies pour l'éducation, la science et la culture).

AU CŒUR DU SUJET

CHÂTEAUX ET PLACES FORTES

Simon Adams

ROUGE & OR

Première publication de cet ouvrage en 2003
sous le titre *Castles & Forts*
chez Kingfisher Publications Plc, Londres

Édition : Melissa Fairley
Direction artistique : Peter Clayman
Iconographie : Cee Weston-Baker

Édition française :
© Rouge et Or 2005
Traduction : Michel Hourst
Coordination : Véronique Herbold et Lise Corlay
Réalisation : ML Éditions, Paris

N° d'éditeur : 10120202
ISBN 2-26140012-8
Dépôt légal : avril 2005
Imprimé à Singapour

Loi n°49-956 du 16 juillet 1949 sur les publications destinées à la jeunesse.

Sommaire

NOTE AUX LECTEURS

Les adresses des sites Web cités dans ce livre sont valables au moment de la publication. Mais, les changements étant fréquents sur Internet, les adresses et les contenus peuvent être modifiés. Des sites risquent alors de proposer des liens non adaptés aux jeunes. L'éditeur ne saurait être tenu responsable des changements d'adresse ou de contenu des sites, ni des informations fournies par des sites tiers. Il est conseillé de faire les recherches sur Internet en compagnie d'un adulte.

DÉCOUVERTE +

Sites Web et mini-bibliographie
Métiers
À visiter

CHAPITRE 2
L'ÂGE DES CHÂTEAUX FORTS 21

CHAPITRE 3
LA FIN D'UNE ÉPOQUE 45

▼ Les remparts d'Agadir, ville de la côte atlantique du Maroc, furent construits vers 1540 pour protéger la *casbah* (le château) et pour surveiller les Portugais, qui avaient déjà édifié une forteresse dans la ville et qui auraient bien voulu contrôler aussi toute la côte.

À l'assaut des châteaux et des forts

Les châteaux forts et les fortifications sont de remarquables témoins de notre passé. Ils ont été construits pour impressionner les gens – mais aussi pour durer. C'est pour cette raison qu'il en reste tant, même si certains ne sont plus guère que des ruines spectaculaires. Nous aussi, dans notre enfance, nous avons construit des châteaux de sable, puis nous en avons visité de vrais. Aujourd'hui, ils continuent à nous fasciner, et notre métier d'archéologue nous a conduits à faire des fouilles sur plusieurs sites d'anciens châteaux forts.

Chacun se fait sa propre idée de ce qu'est un château. Certains sont influencés par les livres et les films qui évoquent les lieux où vivaient des rois et des chevaliers (par exemple, le roi Arthur et les chevaliers de la Table ronde), sans oublier les fées, avec les oriflammes claquant au vent, les chemins de ronde parcourus par des hommes en armes, les meurtrières permettant de déverser sur les assaillants divers projectiles, sans oublier le pont-levis qui enjambait les douves. C'est dans le château que venaient se réfugier les populations alentour quand approchaient des armées ennemies ou des bandes de hors-la-loi. Mais ce livre vous montre que les châteaux, ce ne sont pas seulement des chevaliers en armure et des forteresses assiégées. En effet, il existe plusieurs types de châteaux et de fortifications, et on en trouve dans le monde entier. Dans ce livre, vous découvrirez pourquoi ils ont été construits, comment leur construction a évolué en fonction des besoins de leurs occupants et comment ils se sont adaptés aux nouvelles armes : depuis l'arc et l'arbalète jusqu'au canon.

Quand on regarde un château, on imagine ceux qui l'ont conçu, construit, défendu – et abandonné, de gré ou de force. À la fois centre administratif et commercial, le château fut souvent le noyau autour duquel se développèrent les villes ; mais, surtout, il donne une impression de puissance. Il était le siège du pouvoir, il rappelait à tous ceux qui habitaient les environs qui était leur maître. Cependant, à l'origine, c'était un endroit où l'on vivait. Pour nous, archéologues, les secrets qu'il nous dévoile sur l'existence quotidienne de ceux qui vivaient à l'abri de ses murailles nous intéressent au plus haut point. Par nos fouilles, nous tentons de répondre à des questions, mais nous débouchons sur d'autres mystères.

Ainsi, nous avons souvent constaté que les châteaux forts protègent aussi bien leurs secrets qu'ils protégeaient autrefois leurs habitants. Ces puissantes structures font partie du paysage, tout comme les montagnes et les vallées, les rivières et les lacs, les cités et les bourgades. On pense parfois qu'elles sont éternelles, ce n'est pas vrai : si nous ne les protégeons pas, les générations à venir ne les connaîtront pas. Elles sont fragiles.

Neil Oliver & Tony Pollard
Archéologues.

Fort de pierre datant de l'âge du fer, Inishmore, en Irlande

Chapitre 1

Les premiers forts

Nul ne sait exactement quand ni où fut construit le premier fort – mais nous savons pourquoi : nos ancêtres devaient se protéger contre leurs ennemis et contre les animaux sauvages, aussi entouraient-ils leurs habitations d'une palissade de bois. Les premières civilisations du Proche-Orient et de Grèce construisirent des citadelles fortifiées ou des fortins en brique et en pierre, qui étaient à la fois des palais et des lieux de refuge pour la population. La plupart des cités étaient ceintes de murailles ou de talus, avec des entrées gardées que l'on pouvait fermer la nuit ou à l'approche d'un danger. Les Chinois ont même entouré tout leur pays d'une muraille ! De son côté, il y a plus de 2 000 ans, l'Empire romain réalisa des places fortes pour y loger ses légions et contrôler les populations locales.

Les fortifications à l'âge du bronze

À partir du milieu du IIIe millénaire av. J.-C., les Européens se mirent à l'abri dans des villages fortifiés alors que les Égyptiens construisaient des pyramides et que d'autres civilisations et empires du Proche-Orient et d'Inde bâtissaient des palais, des temples et des villes fortes.

Comment se protéger

Il y a 4 500 ans, l'Europe était peuplée d'agriculteurs qui cultivaient des céréales, des légumes et des fruits, mais aussi du lin pour en faire du tissu. Ils élevaient des moutons, des chèvres et des vaches et travaillaient la pierre et le bronze pour en faire des outils et des armes. Leur principal souci, à part la nourriture, était la sécurité, tant pour eux-mêmes que pour leur bétail. Les animaux sauvages tels que les loups, mais aussi les tribus hostiles présentaient un danger. Pour se protéger, nos ancêtres de l'âge du bronze fortifièrent leurs villages.

Des palissades

En général, le village, entouré d'une haute palissade de pieux dans laquelle s'ouvrait une solide porte, était construit au bord d'un cours d'eau ou d'un lac, parfois même sur une île, plus facile à fortifier. Il comptait une vingtaine de maisons sur pilotis, pour échapper aux inondations saisonnières. Les murs étaient faits de planches, et le toit de roseaux avait une ouverture pour la fumée. Les maisons étaient reliées par des chemins de rondins ; les animaux domestiques erraient entre les claies de bois sur lesquelles séchaient poisson, viande et peaux de bêtes.

Sur les traces de nos ancêtres

Dans la plupart des cas, il ne reste aucune trace de ces villages, car, à la différence de la pierre, le bois ne résiste pas des milliers d'années. Pourtant, il se conserve bien dans les sols spongieux : au bord de certains lacs de Suisse et de Pologne et de quelques fleuves d'Allemagne, on a découvert des restes de pieux et des traces de palissades avec, aux alentours, de nombreux objets : tessons de poterie, aiguilles de bronze, fragments de textile, têtes de hache en pierre et en bronze. Ces trouvailles permettent aux archéologues de se faire une idée approximative de la vie de nos ancêtres dans ces villages fortifiés.

▼ Dans ces villages lacustres (au bord des lacs), les maisons duraient une quarantaine d'années. L'humidité attaquait le bois des planches et des pieux, et les demeures finissaient par s'écrouler. Les habitants allaient alors s'installer à un autre endroit pour y construire un nouveau village.

Le château de Maiden (ANGLETERRE)

Quand on parle de château, on imagine un grand bâtiment de pierre qui domine le paysage tout autour. À l'origine, les forts étaient construits au sommet d'un talus de terre tassée de plusieurs mètres de haut, lui-même entouré d'autres talus. C'est le cas du château de Maiden, dans la province du Dorset, en Angleterre.

▲ Vespasien (9-79 apr. J.-C.) fut un grand général romain : il participa en particulier à l'invasion de l'Angleterre en 43 apr. J.-C. et à la répression de la révolte des Juifs en 66. Il est devenu empereur de Rome en 66, et jusqu'à sa mort, en 69, la paix et la prospérité ont régné dans tout l'Empire romain.

Il y a château et château

En réalité, le château de Maiden est plutôt une colline fortifiée, aménagée vers 300 av. J.-C. par les Bretons – les habitants de la Grande-Bretagne – sur le site d'un campement datant de l'âge de pierre. Des talus, qui pouvaient atteindre 30 m de haut, entouraient la colline sur 3,2 km. Dans la cité proprement dite, qui couvrait 18 ha, se trouvaient des maisons de pierre et de bois, des greniers, des réserves, la maison du chef et d'autres bâtiments, tous reliés par des chemins de rondin ou de gravier.

▶ Maiden se dresse au sommet d'une colline qui domine le paysage sur plusieurs kilomètres. L'entrée principale était défendue par un labyrinthe d'ouvrages en terre que les assaillants devaient parcourir sous une pluie de projectiles avant de pouvoir atteindre les portes de bois de la ville.

La conquête romaine

Maiden fut donc à la fois une forteresse et une ville, où la population était à l'abri des tribus ennemies. Vers 50 av. J.-C., il devint la capitale très prospère de la tribu des Durotriges et, de ce fait, attira la convoitise des Romains lorsqu'ils envahirent l'Angleterre en 43 apr. J.-C. Sous les ordres de Vespasien, une légion romaine attaqua la ville et massacra la plupart de ses habitants. Les survivants furent emmenés en captivité dans la ville que les Romains avaient fondée à proximité : Durnovaria, aujourd'hui Dorchester.

La guerre des galets

Nous en savons beaucoup sur le château de Maiden grâce aux fouilles réalisées entre 1934 et 1937 par l'archéologue sir Mortimer Wheeler (1890-1977). Il découvrit les tombes de 34 personnes dont les squelettes portaient la marque des blessures infligées par les épées et les engins de guerre des Romains. Il a aussi trouvé 22 000 galets provenant de la plage, à 5 km de là : c'étaient les projectiles que les Bretons tiraient sur les envahisseurs, sans succès.

▲ En général, à Maiden, une maison se composait d'un mur circulaire fait de pieux de bois, avec un poteau au centre pour soutenir le toit conique, en bois et en chaume. Toute la famille dormait sur le sol. Dans le toit, un trou laissait passer la fumée du feu de bois sur lequel on faisait la cuisine.

La Grande Muraille (CHINE)

La plupart des places fortifiées se composent de quelques bâtiments entourés d'une haute muraille. Pourtant, il y a plus de 2000 ans, les Chinois, considérant que quelques forts, si nombreux fussent-ils, ne suffiraient pas à défendre leur pays, décidèrent de l'entourer complètement d'une grande muraille.

◀ En 221 av. J.-C., Zheng (259-210 av. J.-C.), chef de l'État de Qin, dans le nord-ouest de la Chine, vainquit ses derniers ennemis et unifia tout le pays. Il se fit appeler Qin Shi Huangdi, qui signifie : « premier empereur souverain de Qin » – mot qui se prononce « tchinn » et qui a donné son nom à l'empire tout entier. Si Zheng est mort en 210 av. J.-C., l'empire qu'il avait fondé dura jusqu'en 1912.

▲ Près de Xi'an, dans le centre de la Chine, la tombe de Qin Shi Huangdi est gardée par 6000 soldats et 1400 chariots et cavaliers en terre cuite, grandeur nature, équipés d'armes de bronze. Chaque pièce est une œuvre unique. Les personnages sont rangés en ordre de bataille dans des salles souterraines. Ils ont été découverts en 1974 après avoir passé plus de 2000 ans dans l'oubli.

Vers la Grande Muraille de Chine

Au début, vers 400 av. J.-C., la Grande Muraille n'était qu'une longue série de talus qui marquaient la frontière entre les différents États de la Chine et qui étaient destinés à freiner les nomades barbares de Mongolie et de Mandchourie voulant envahir les plaines fertiles du nord de la Chine. Vers 214 av. J.-C., Qin Shi Huangdi, premier empereur de Chine, les fit relier et reconstruire en pierre pour réaliser une muraille continue, longue de 2415 km ; elle protégeait alors toute la frontière nord de l'empire. D'innombrables ouvriers furent recrutés dans toute la Chine, dont beaucoup moururent en raison des difficultés de la construction.

Plus de 5000 km de long

Au cours des ans, cette muraille fut renforcée et prolongée vers l'ouest pour protéger de nouveaux axes de circulation. Puis les empereurs Ming, qui dirigèrent le pays de 1368 à 1644, la reconstruisirent un peu plus au sud : c'est celle que nous connaissons. Longue de plus de 5000 km, elle allait du golfe de Liaodong, à l'est, aux déserts de Gansu, à l'ouest, en passant par les montagnes du nord de la Chine. En moyenne, elle est haute de 9 m, large de 8 m à la base et de 6 m au sommet. Tout du long, des tours de guet abritaient des canons et autres armes ; au sommet, la chaussée permettait aux soldats de se déplacer rapidement en cas de danger.

▼ On dit que la Grande Muraille est la seule construction humaine visible de la lune. C'est impossible, car elle n'est pas plus large qu'une route moyenne. D'autres « grandes murailles » ont été construites, notamment par les Romains au nord de l'Angleterre, mais elle est la plus longue structure artificielle du monde.

Massada (PALESTINE)

En l'an 66 apr. J.-C., les Juifs se révoltèrent contre l'armée romaine d'occupation, se livrant à une féroce guérilla. En réaction, les Romains ravagèrent toute la province de Judée (maintenant en Israël et en Palestine) et, en 70, ils s'emparèrent de Jérusalem, la capitale juive. Des extrémistes poursuivirent la résistance jusqu'à la mort dans la forteresse de Massada, en haut d'une colline.

Une forteresse royale

Massada est un plateau de 9,5 ha qui constitue le sommet d'un éperon rocheux. Les rois juifs commencèrent à le fortifier au cours du IIe siècle av. J.-C. De 37 à 31 av. J.-C., il fut transformé en forteresse et en palais par Hérode qui, de 37 av. J.-C. à 4 apr. J.-C. (à l'époque de la naissance du Christ) fut le roi de la Judée occupée par les Romains. Hérode fit entourer le plateau de remparts, à l'intérieur desquels il supervisa la construction de deux palais, d'une synagogue, de bains chauds et d'entrepôts.

◄ En 70 apr. J.-C., des troupes romaines commandées par Titus (39-81, empereur de 79 à 81) assiégèrent et occupèrent Jérusalem; ils détruisirent le Temple et une partie de la ville. Cette victoire est évoquée en détail sur l'arc de triomphe de Titus, à Rome.

▼ L'armée romaine était la plus puissante de son temps, mais la guérilla juive lui opposa une farouche résistance. Bien équipés, les Romains préféraient combattre à découvert; les Juifs, armés de frondes et de javelots, les assaillaient par surprise et se retiraient dans les collines quand ils étaient attaqués.

▲ Ce que nous savons de la prise de Massada nous a été transmis par Flavius Josèphe (né en 37 apr. J.-C.), prêtre juif et commandant de la Galilée. Il soutint les rebelles jusqu'à sa capture par les Romains, en 67. Il devint alors citoyen romain et écrivit des ouvrages historiques sur les Juifs.

La révolte des Juifs

Après la mort d'Hérode, en 4 apr. J.-C., les Romains établirent une garnison à Massada ; ils s'en retirèrent en 66 lorsque la révolte des Juifs éclata. Les zélotes – secte juive extrémiste – occupèrent alors Massada, qui leur servit de base pour leur guérilla. En 70, après que les Romains eurent pris et saccagé Jérusalem, les zélotes se retirèrent dans quelques forteresses bien défendues, que les Romains enlevèrent une par une. À la fin, il ne resta que Massada.

Le siège

En 72 apr. J.-C., le général romain Flavius Silva, qui gouverna la Judée de 71 à 81, au nom de l'Empire romain, entreprit le siège de Massada, empêchant les Juifs de s'en échapper. Puis il fit construire une rampe en terre jusqu'au côté ouest du plateau ainsi qu'une tour en pierre, et ordonna d'amener des béliers et des catapultes. Au printemps 73, il était prêt à l'assaut.

▲ En 1963, des archéologues découvrirent à Massada des tessons de poterie avec des inscriptions, qui ont pu servir au tirage au sort ; l'un d'eux portait le nom de Ben Yaïr, qui fut peut-être le dernier survivant.

Suicide collectif

Pour montrer que les zélotes se battaient par fierté et non par désespoir, leur chef Ben Yaïr (mort en 73) fit incendier toute la forteresse à l'exception de la nourriture. Chaque chef de famille fut chargé de tuer tous les membres de sa famille. Dix hommes furent ensuite tirés au sort pour tuer tous les autres. Un nouveau tirage décida de l'ordre dans lequel les dix survivants se donneraient réciproquement la mort. Le dernier se suicida. Lorsque les Romains pénétrèrent dans la forteresse, ils ne trouvèrent qu'un cimetière. Depuis lors, Massada est demeurée un symbole de la résistance des Juifs.

▼ Massada se trouve sur un piton rocheux qui surplombe la mer Morte et le désert de Judée, dans la partie sud-est de ce qui est maintenant l'État d'Israël. L'eau était fournie par d'immenses citernes souterraines et des aqueducs ; la terre fertile du plateau donnait une bonne partie de la nourriture.

▲ À partir de 1390, plusieurs papes transformèrent ce château en une résidence luxueuse, faisant appel aux plus grands artistes de leur temps pour décorer les appartements pontificaux, les chapelles et les salles de réception. Clément VII (pape de 1523 à 1534) chargea Jean d'Udine (1487-1535) de peindre les somptueuses fresques de sa salle de bains.

Le château Saint-Ange (ITALIE)

Au cours de leur vie, la plupart des châteaux connurent de multiples transformations : ce qui était au départ une simple forteresse pouvait devenir une place forte, puis une résidence privée. Mais aucun n'a autant changé que le château Saint-Ange, à Rome. À l'origine, ce n'était pas un château mais un monument funéraire grandiose, un mausolée.

Un tombeau impérial

En 123 apr. J.-C., Hadrien, empereur de Rome de 117 à 138, décida d'édifier un mausolée sur la rive du Tibre, à Rome. Pour cela, il s'inspira d'un magnifique tombeau construit un siècle plus tôt pour son prédécesseur Auguste, empereur de 27 av. J.-C. à 14 apr. J.-C. Sur une base carrée de 86,30 m de côté fut édifiée une structure cylindrique de 64 m de diamètre ; son toit fut recouvert de terre et planté de cyprès. Au centre du mausolée étaient aménagées la tombe d'Hadrien et d'autres chambres funéraires, reliées par une galerie qui débouchait sur le Tibre. Du marbre recouvrait tout l'édifice, qui était orné de nombreuses statues. En 275, il fut intégré dans les puissantes murailles construites pour défendre la ville.

◀ Les soldats romains défendirent avec succès le mausolée jusqu'à la chute de l'Empire romain, en 476 apr. J.-C. Mais, en 537, il fut assiégé par les Ostrogoths, des Barbares qui arrivaient du nord de l'Italie. Au cours des combats, les défenseurs brisèrent les têtes et les membres de nombreuses statues et s'en servirent comme projectiles.

Tombe, prison, puis château

Pendant près d'un siècle, c'est dans ce mausolée que furent enterrés les empereurs. À partir de 500, il servit de prison. Le 29 août 590, Grégoire Ier (pape de 590 à 614) prit la tête d'une procession qui parcourut les rues de Rome pour demander à Dieu de mettre fin à la peste qui ravageait la ville. Lorsque le peuple arriva au pied du château, un archange apparut dans le ciel : il remit son épée au fourreau, signifiant que la peste était terminée. L'épidémie s'éteignit et, depuis ce jour, le mausolée est appelé château Saint-Ange.

Palais papal

Puis, pendant environ 1 000 ans, ce château joua un rôle important dans la turbulente histoire de Rome, tant comme forteresse que comme retraite pour plusieurs papes. En 1277, une chaussée fortifiée qui reliait le palais du Vatican au château fut construite, ce qui permettait au pape de s'y réfugier en cas de danger. En 1387, il subit de graves dégâts au cours d'une insurrection populaire ; en 1390, Boniface IX (pape de 1389 à 1404) commença à le transformer en palais papal. En 1870, il servit de caserne et de prison. C'est aujourd'hui un musée.

▲ En 1527, les mercenaires de l'armée de Charles Quint (à la tête du Saint Empire romain germanique de 1519 à 1556) se mutinèrent. Ils mirent Rome à sac, pillant les plus beaux bâtiments et tuant au moins 30 000 personnes. Le pape Clément VII se réfugia au château Saint-Ange, où il fut assiégé pendant six mois avant d'arriver à un accord avec Charles Quint.

▼ Au XVIIe siècle, le pont reliant le château à l'autre rive du Tibre fut orné d'une série de dix statues d'anges dues à l'atelier du célèbre sculpteur Gianlorenzo Bernini (Le Bernin, 1598-1680). Depuis lors, il s'appelle ponte Sant'Angelo (pont Saint-Ange).

Aït-Ben-Haddou (MAROC)

▲ Les Berbères sont d'habiles artisans qui fabriquent de superbes objets. Même les sabres et les fourreaux sont incrustés de nacre et d'ivoire et décorés de pierres et de métaux précieux.

Même si vous n'êtes jamais allé au Maroc, le *ksar* (village fortifié) d'Aït-Ben-Haddou vous rappellera peut-être quelque chose. En effet, ce village du Maroc et ses environs, paysage austère mais très beau, ont servi de cadre à de nombreux films ; on les voit en particulier dans *Lawrence d'Arabie,* et c'est ainsi que vous avez pu les voir à l'écran.

Des vagues de marchands et de conquérants
L'histoire du Maroc est complexe, faite de vagues successives de marchands et de conquérants phéniciens, romains, vandales, arabes, sahariens, espagnols et français qui, tous, ont laissé des traces de leur passage. Sous leur poussée, les Berbères et autres tribus marocaines durent se réfugier dans les montagnes, où ils fortifièrent leurs villages pour se protéger contre ces ennemis.

Des voies commerciales protégées
Aït-Ben-Haddou se trouve sur la voie commerciale qui relie Marrakech, au Maroc, à Tombouctou, important carrefour commercial au sud du Sahara. Construite par les Berbères on ne sait pas très bien quand, cette ville n'a cessé de s'agrandir. Comme tous les *ksour* (pluriel de *ksar*), elle est protégée par une importante série de murailles et de tours.

Un site de toute beauté

Les commerçants d'Aït-Ben-Haddou construisirent d'impressionnantes *casbahs* (châteaux) pour se protéger. Les villageois vivaient dans de petites maisons groupées sur la colline et stockaient leurs céréales dans l'*igherm* (grenier collectif). Ces bâtiments étaient faits de briques de terre mélangée à de l'eau et à de la paille, séchées au soleil. Sa beauté et son histoire ont valu à Aït-Ben-Haddou d'être inscrit par l'Unesco au patrimoine mondial de l'humanité.

▶ La plupart des médinas (villes) du Maroc, comme Taroudant *(ci-contre, à droite)*, sont ceintes de hautes murailles, renforcées par de nombreuses tours de guet et de portes fortifiées.

▼ Les Berbères et autres tribus marocaines sont de remarquables cavaliers. Ils organisent des manifestations équestres, ou *fantasias*, qui sont soumises à des règles strictes. Ils galopent en brandissant leurs armes et, au signal de leur chef, ils tirent tous à la fois.

IMPORTANT À RETENIR ! LES PREMIERS FORTS

Fort ou château ?
La différence entre un château et un fort, ou une forteresse et une fortification, n'est pas très claire. Quand on parle du « château » de Maiden, en réalité, les « fortifications » sont de simples talus de terre. Si la forteresse de Massada est ceinte de remparts, elle servait, au départ, de résidence royale. En fait, ici, les mots n'ont pas toujours un sens très précis. Techniquement, un **château** est une vaste demeure – avec ou sans dépendances – fortifiée : on l'appelle alors **château fort**. La **fortification** est un ouvrage défensif (talus, rempart ou tour) ou un ensemble d'ouvrages fortifiés ; le **fort** est un ouvrage isolé destiné à protéger un lieu stratégique ; la **forteresse** est un grand bâtiment fortifié à usage plus spécifiquement défensif. Quoi qu'il en soit, tous ces termes impliquent un usage militaire.

Vase d'or de Rillaton (Cornouailles, Royaume-Uni), vers 2000 av. J.-C.

Où en trouve-t-on dans le monde ?
Dans ce chapitre, nous avons découvert des châteaux, des fortifications et d'autres lieux fortifiés depuis les lacs d'Europe jusqu'au Maroc, de Rome à la Chine en passant par Israël. Nous aurions pu en voir bien d'autres, sur tous les continents, à l'exception de l'Australie, où les Aborigènes n'avaient pas besoin, à l'époque, de construire de telles structures.
Toutes ces constructions ont en commun le fait que les gens les ont édifiées pour se défendre. Dans tous les cas, elles exploitent des sites naturels comme des collines ou des éperons rocheux, des lacs ou des cours d'eau. En outre, bien souvent, elles servent à protéger une grande voie commerciale ou surplombent une ville. Pour fortifier un lieu, il faut bien sûr des murailles et des remparts, mais, surtout, il faut que ce lieu se trouve sur un site approprié qui rendra la défense plus efficace.

DÉCOUVERTE +

... les sites archéologiques :
www.archeographe.net
www.culture.gouv.fr/culture/exp/archeo.htm

... un trésor de l'époque celtique :
www.bourgogne-france.com/communes/cote-d-or/vix/index.html

... les villages fortifiés gaulois *(oppida)* :
www.archeologie-aerienne.culture.gouv.fr/culture/arcnat/aerien/fr/decou4a-pg1.htm

... la citadelle Laferrière :
Les Monuments du roi Christophe (Unesco)

... et *Les Châteaux forts,* de Philip Steele (Nathan, Tout un monde, 1995)

L'archéologue étudie les vestiges d'anciennes constructions.

L'écologiste protège les sites en péril.

Le guide fait visiter les sites historiques.

L'infographiste recrée sur écran des sites anciens.

L'illustrateur ou le photographe fournit des illustrations sur les sites.

L'historien écrit sur les châteaux d'autrefois.

Le géomètre dresse le plan des sites anciens.

Visitez... des reconstitutions de fortifications et d'habitat anciens :
www.archeodrome-bourgogne.com

... un *oppidum* (village fortifié gaulois) : gergovie.free.fr
www.visitscotland.com

... le site de la bataille d'Alésia entre Vercingétorix et César :
www.alesia.com

... un camp gallo-romain :
www.bretagne-celtic.com/carte_huelgoat.htm#CAMP

... des fouilles sur un site gallo-romain :
www.alpilles.com/glanum.htm

CHAPITRE 2

L'âge des châteaux forts

À partir du début du IXe siècle, pour se protéger de leurs ennemis, les seigneurs commencèrent à bâtir des châteaux en bois.
Puis ces constructions furent progressivement remplacées par des structures en pierre et en brique. Surplombant la contrée alentour, le château était souvent l'édifice le plus impressionnant de la région.

Il servait à la fois de logis, de forteresse, de caserne et de prison – c'était vraiment un « château fort ». Sa construction faisait appel aux conceptions et aux techniques militaires les plus modernes. Pendant plus de 800 ans, ces châteaux et leurs occupants ont dominé le paysage géographique, politique et militaire, en Europe mais aussi en Inde, au Japon, au Proche-Orient et même en Amérique du Sud.

L'alcazar de Ségovie, en Espagne

▲ En Europe, les premiers châteaux étaient construits en bois sur une butte de terre, protégée par un talus et séparée de l'extérieur par un pont-levis. Simples et vite bâtis, ils protégeaient efficacement leurs occupants.

▼ Sur la tapisserie de Bayeux, on voit *(ici, au centre)* le château de Hastings, dans le sud de l'Angleterre. Il fut construit environ une semaine avant la grande bataille qui, en 1066, permit à Guillaume de Normandie de s'emparer de la couronne d'Angleterre. Les ouvriers *(ci-dessous)* étaient probablement des paysans saxons recrutés de force.

Les châteaux à motte

En Europe occidentale, les premiers châteaux apparurent aux IXe et Xe siècles. À cette époque, la loi était souvent celle du plus fort. Pour se mettre à l'abri, les seigneurs construisirent donc, autour de leurs habitations, des remparts de terre surmontés de palissades de bois et entourés de fossés. C'est ainsi que commença une période de construction de châteaux fortifiés qui allait durer près de 800 ans.

Les premiers châteaux forts

Au Moyen Âge, comme il n'existait pas de pouvoir central fort, les premiers châteaux furent construits pour défendre les populations contre les seigneurs voisins et les envahisseurs – Normands à l'ouest, Arabes au sud, Hongrois à l'est. Puis les seigneurs s'en servirent comme base pour lancer eux-mêmes des attaques.

Basse et haute cours

Avant d'envahir l'Angleterre en 1066, Guillaume de Normandie, dit le Conquérant, avait conçu un nouveau type de château. On entrait d'abord dans une vaste cour entourée d'une palissade, d'un fossé et d'un haut talus ; c'était la basse-cour, où se trouvaient les étables, les ateliers, le puits et, parfois, une chapelle. Au centre, ou à côté, se dressait une butte de 5 m de haut (la motte) ; elle était protégée par une palissade et formait la haute-cour, où se dressaient un logis et une tour de guet. On y accédait par un pont-levis.

▲ Les premiers châteaux forts devaient protéger le seigneur et la population. Souvent, les châteaux à motte, construits en bois et donc inflammables, furent reconstruits en pierre. Ci-contre, le château de Yirher, près d'Egmanton, en Angleterre, avec la motte bien visible.

Construire, une vraie corvée

Pour construire un château à motte, le seigneur employait les paysans de la région (les serfs et les vilains), qui étaient tenus de travailler un certain nombre de jours par an pour leur seigneur : c'était la corvée. Le bois d'œuvre était pris dans les environs.

Question de stratégie

Les châteaux à motte, à peu près tous construits sur le même plan, se dressaient à des emplacements stratégiques d'où le seigneur pouvait contrôler la région alentour : sur le coude d'un fleuve, près d'un gué ou d'un carrefour important. Leurs dimensions étaient variables : la motte pouvait s'élever jusqu'à 25 m de haut et la basse-cour s'étendre sur 25 ha.

Vite construits, puis plus élaborés

Souvent vite construits, ces châteaux n'étaient pas conçus pour durer. En raison de leur fragilité et de leur prise au feu, ils furent progressivement reconstruits en pierre, souvent sur le même site. Mais l'énorme travail que cela représentait prenait beaucoup de temps *(lire pages 24-25)*. Par contre, cela permettait de multiplier les fortifications : châtelet d'entrée, courtines crénelées, bastions et barbacanes. C'est ainsi que, par nécessité, les châteaux de bois furent, petit à petit, remplacés par des structures permanentes.

Du bois à la pierre

Les premiers châteaux en pierre sont apparus en Europe au cours du xe siècle. Pendant 600 ans, ces structures massives ont dominé le paysage. C'est là qu'habitait le seigneur, avec sa famille et ses gens d'armes, et c'est de là qu'il lançait ses attaques contre ses adversaires.

Premiers châteaux en pierre

En France, les premiers châteaux en pierre furent construits à la fin du xe siècle, probablement à Langeais ou à Doué-la-Fontaine (les historiens ne sont pas sûrs), en Anjou. Bien d'autres furent édifiés par la suite, en particulier en Angleterre après sa conquête par les Normands en 1066. Aux siècles suivants, il s'en construisit des milliers en France et en Allemagne. Ces solides structures remplacèrent progressivement les châteaux à motte *(lire pages 22-23)*. En France, on citera, entre bien d'autres, ceux de Saumur, qui fut reconstruit plusieurs fois, de Nogent-le-Rotrou, de Kœnigsbourg (restauré), de Tarascon et de Combourg (évoqué par Chateaubriand).

▶ Dans un château, les fenêtres ne servaient pas à donner de la lumière et moins encore à admirer le paysage ! Cette ouverture est une meurtrière par laquelle on pouvait tirer sur l'ennemi avec un arc ou une arbalète sans risquer d'être atteint en retour. Les seules baies vitrées se trouvaient dans la chapelle.

▶ La plupart des escaliers en colimaçon tournaient dans le sens des aiguilles d'une montre *(photo ci-contre)*. Ils permettaient au défenseur d'utiliser librement son épée alors que l'assaillant, lui, était gêné dans ses mouvements. Certains reliaient directement le rez-de-chaussée au toit, un escalier dérobé permettant d'accéder aux étages intermédiaires – tout cela, avec bien d'autres dispositifs encore, pour ralentir l'ennemi.

Le donjon

Au début, seul le donjon (tour principale carrée, rectangulaire ou ronde) était fait de pierres de taille. Quelques fentes – les meurtrières ou archères – y étaient aménagées, à la fois pour pouvoir éclairer la pièce et pour tirer sur l'assaillant. Il n'y avait souvent qu'une seule entrée, située au-dessus du sol et à laquelle on accédait par un escalier extérieur. Le seigneur, sa famille et ses gardes vivaient dans le donjon, qui était protégé par un fossé et une enceinte fortifiée : la chemise. Dans la cour extérieure, elle-même protégée par un rempart, on gardait des animaux domestiques : c'était la basse-cour. Une solide porte, en général défendue par une lourde grille de fer (la herse), préservait l'entrée. Pour franchir les douves, il fallait passer par un pont-levis.

Long et cher chantier

Chaque château en pierre était bâti selon un plan propre en fonction d'une part, de la richesse et des impératifs du propriétaire, et d'autre part, de la qualité de la pierre locale. Construire en pierre était très coûteux et très long : de dix à vingt ans. Après l'extraction des pierres, qui avait lieu parfois très loin, une armée d'ouvriers les transportait jusqu'au site sur des chariots, ou par voie d'eau quand le site était au bord d'un fleuve, avant de les tailler sur place et de les monter. Une fois le gros œuvre terminé, certains châteaux étaient recouverts de chaux blanche ou d'un enduit de plâtre. En moyenne, un donjon s'élevait au rythme de 3 m par an

Château-Gaillard (FRANCE)

La formidable forteresse de Château-Gaillard se dresse sur un éperon rocheux qui surplombe une boucle de la Seine, à l'entrée de la Normandie. Construite entre 1195 et 1198 par Richard Cœur de Lion, duc de Normandie et roi d'Angleterre, elle passait alors pour imprenable. Mais elle tomba en 1204 sous l'assaut du roi de France Philippe Auguste.

▲ Richard, roi d'Angleterre pendant dix ans, ne passa que sept mois dans son pays : le reste du temps, il participa aux croisades *(lire pages 30-31)* et s'efforça de protéger les terres qu'il possédait en France contre le roi Philippe Auguste. Son courage lui valut le surnom de « Cœur de Lion ».

L'Angleterre en France

Roi d'Angleterre de 1189 à 1199, Richard Ier, dit Cœur de Lion, avait hérité de vastes possessions dans le nord et l'ouest de la France. Mais les rois de France n'admettaient pas la présence des Anglais dans leur pays. Richard décida de construire Château-Gaillard pour protéger ses terres contre une éventuelle attaque des Français.

▼ Au centre de Château-Gaillard se dressait le donjon, aux murs épais de 2,50 m. La forteresse comptait trois cours et était protégée par trois murailles qui mesuraient jusqu'à 9 m de haut. Un vaste fossé entourait les murs extérieurs.

Des murs de beurre !

Le roi d'Angleterre construisit son château sur un piton rocheux dominant la Seine d'environ 100 m. Il prétendait qu'il pourrait le défendre « même si les murs étaient de beurre ». Mais il mourut avant de pouvoir le prouver. Son frère Jean sans Terre lui succéda.

Le siège

Philippe Auguste arriva devant Château-Gaillard en 1203 et l'encercla. Pour réserver la nourriture aux hommes d'armes, le gouverneur anglais, Roger de Lacy, fit sortir les femmes, les enfants et les vieillards. Mais Philippe Auguste leur bloqua la route, et ils passèrent l'hiver près du fossé, tremblant de froid et de faim. Finalement, le roi les laissa partir.

Au printemps 1204, le siège commença pour de bon. Les Français firent venir des catapultes ainsi qu'un beffroi et commencèrent à combler le fossé, de façon à pouvoir s'approcher des murailles sur un terrain plat. Protégés par des mantelets – grands boucliers de bois –, des sapeurs creusèrent des tunnels sous les tours extérieures, provoquant l'effondrement du donjon.

▲ Après le siège, le château fut réparé. En 1603, Henri IV (roi de France de 1589 à 1610) ordonna la démolition des remparts. Par la suite, les pierres servirent à la construction de bâtiments dans les environs ; c'est ainsi que le château se retrouva dans l'état de ruine que nous connaissons.

La victoire

Les Français se précipitèrent dans la basse-cour et, par un puits de latrines non gardé, ils accédèrent à la cour intermédiaire. Ils y installèrent un trébuchet et se mirent à bombarder les remparts intérieurs. En creusant des tunnels, les sapeurs (soldats affectés au terrassement) réussirent à provoquer leur effondrement. Lorsque les Français envahirent le donjon, les 140 hommes de la garnison furent faits prisonniers. Château-Gaillard était dès lors français.

Les châteaux concentriques

Au cours de la seconde moitié du XIIIe siècle, un nouveau type de château fort apparut en Europe occidentale : le château concentrique, avec une double ou une triple enceinte de murailles défensives et d'autres nouveautés telles qu'un châtelet d'entrée. Cette innovation s'inspirait des modèles anciens mais était beaucoup plus efficace contre les assaillants.

▲ Édouard Ier (roi d'Angleterre de 1272 à 1307) fit construire des châteaux sur ce modèle. Il s'efforça de rattacher l'Écosse à l'Angleterre.

La construction évolue

Les premiers châteaux en pierre ne comportaient qu'une seule enceinte, haute, épaisse et solide, mais vulnérable aux engins de siège et aux travaux de sape : lorsque la muraille s'effondrait, on pouvait considérer que le siège était terminé. Il fallait donc améliorer le système de défense pour rendre le château vraiment imprenable.

▼ Un remarquable exemple de ce type de château est Caerphilly, au pays de Galles (Royaume-Uni), construit entre 1268 et 1271. À l'époque, le château fort servait au seigneur à faire régner l'ordre sur son domaine et à le défendre contre ses ennemis – mais parfois aussi contre le roi.

Deux murailles et des tours...
Une nouvelle conception fut importée de Constantinople (aujourd'hui Istanbul), en Turquie : entre 410 et 437, pour protéger la capitale orientale de l'Empire romain, l'empereur Théodose II avait fait édifier deux séries de murailles distantes de 4,60 m. La muraille intérieure mesurait 9 m de haut, et l'extérieure, 4,60 m. Des tours se dressaient à intervalles réguliers sur ces remparts. L'ensemble était cerné d'un profond fossé que l'on ne pouvait franchir que par cinq ponts correspondant aux entrées de la ville. Ces fortifications résistèrent à tous les envahisseurs jusqu'à ce que les croisés (les soldats des croisades) réussissent à les franchir en 1204.

▲ Au combat, le chevalier, protégé par une cotte de mailles et un écu portant ses armoiries, était armé d'une lance ou d'une épée ; les « piétons » se battaient avec une hache ou une pique.

Les croisés s'en inspirent
Les croisés reprirent cette idée pour construire leurs propres châteaux, en Europe mais aussi en Terre sainte, notamment pour le krak des Chevaliers *(lire pages 30-31)*. Ce nouveau principe était très efficace : du haut de la muraille intérieure, les défenseurs pouvaient lancer des projectiles sur l'ennemi par-dessus la tête de leurs compagnons d'armes se trouvant sur le rempart extérieur, moins élevé ; et ceux-ci, sachant que l'enceinte intérieure était bien défendue, pouvaient de leur côté effectuer des sorties contre l'assaillant.

À chaque coin de la muraille intérieure se dressait une tour cylindrique. L'entrée du château se faisait uniquement par un châtelet d'entrée, souvent renforcé par une ou deux barbacanes (portes fortifiées). L'application de ce concept variait d'un endroit à l'autre, mais la plupart des châteaux de ce type avaient une forme régulière ; certains étaient même presque carrés.

◀ On trouve des châteaux concentriques un peu partout en Europe occidentale. Muiderslot, aux Pays-Bas (en néerlandais, *slot* signifie « château »), construit dans les années 1280, est typique du genre.

Bientôt, on vit surgir des châteaux concentriques en France (en particulier dans le Sud-Est) ainsi que dans toute l'Europe. Parfois, on se contentait d'ajouter une enceinte extérieure à un château existant, mais parfois aussi on entourait d'une ou de plusieurs enceintes fortifiées tout un village (La Digne d'Aval, Cordes-sur-Ciel) ou une ville, par exemple Carcassonne, la plus célèbre *(lire pages 36-37)*, ou encore Eguisheim en Alsace et Aigues-Mortes en Provence.

▼ Le château de Caerphilly, au pays de Galles, est une remarquable illustration d'un château concentrique. Avec deux enceintes et deux châtelets d'entrée, il était le plus puissant de la région.

Le krak des Chevaliers (SYRIE)

En 1095, Urbain II (pape de 1088 à 1099) appela aux armes tous les fidèles de l'Église d'Occident. Les Turcs Séleucides – des musulmans, appelés sarrasins – occupaient la Terre sainte (aujourd'hui Israël et la Palestine) et empêchaient les pèlerins d'Europe d'accéder aux Lieux saints, et notamment à Jérusalem. Aussi, le pape encouragea l'organisation d'une expédition pour délivrer cette région. Des milliers d'hommes partirent alors, portant une croix sur la poitrine, d'où les noms de « croisés » et « croisade ». Ils construisirent beaucoup de châteaux, dont le krak des Chevaliers.

▲ Durant le siège final, en 1270, le krak fut gravement endommagé par les catapultes qui lançaient d'énormes projectiles pour ébranler les structures de pierre, et les trébuchets qui envoyaient des projectiles

Presque imprenable

Le krak des Chevaliers, dans l'actuelle Syrie, était une forteresse musulmane qui fut prise par les croisés en 1099. En 1114, il fut attribué aux chevaliers Hospitaliers, ordre militaire et religieux de chevaliers, qui le transformèrent et le renforcèrent.

Le krak des Chevaliers se dresse sur la rive ouest de l'Oronte, d'où il contrôlait la route stratégique qui, du nord au sud, va de Syrie en Terre sainte. On ne pouvait s'en approcher que d'une seule direction et, de ce fait, il était quasi imprenable. Mais les chevaliers Hospitaliers ne laissèrent rien au hasard et prirent toutes les précautions possibles, copiant beaucoup les fortifications musulmanes qu'ils avaient appris à connaître au cours des croisades.

▼ Plusieurs croisades se succédèrent entre 1095 et 1291, date à laquelle le dernier bastion des chrétiens dans la région, Saint-Jean-d'Acre, tomba aux mains des sarrasins. Pour délivrer la Terre sainte, des milliers de chevaliers vinrent d'Europe par mer et par voie terrestre, mais ils n'arrivèrent pas à en expulser les musulmans.

Construit pour résister

Le krak des Chevaliers était un château concentrique *(lire pages 28-29)*, mais les chevaliers Hospitaliers le renforcèrent encore. L'enceinte intérieure se composait d'énormes tours reliées par des courtines, surplombant un fossé qui servait de réserve d'eau. L'enceinte extérieure comptait plusieurs tours semi-circulaires qui déviaient tous les projectiles lancés par les engins de siège.

Fort et faible à la fois

Malgré sa puissance formidable, le krak des Chevaliers avait un point faible : toute l'eau provenait, par un aqueduc, des collines environnantes. Si l'aqueduc était coupé, l'eau manquait dans le château. Or, dans ces régions chaudes, l'eau est un élément vital.

◄ Vers 1070, des chevaliers fondèrent un hôpital à Jérusalem pour soigner les pèlerins malades. Lorsque les croisés prirent la ville en 1099, ils créèrent un ordre militaire, religieux et médical : l'ordre des chevaliers Hospitaliers de Saint-Jean-de-Jérusalem (ou chevaliers de l'Hôpital), qui existe encore.

► Le krak des Chevaliers fut plus qu'un simple château : c'était aussi le quartier général des Hospitaliers, dont le chef occupait une salle au sommet de l'une des tours ; là, avec les autres chevaliers, il dressait les plans de défense.

Une succession de sièges

Les sarrasins firent plusieurs fois le siège du krak des Chevaliers. En 1188, le grand Saladin (1138-1193) ne parvint pas à le prendre ; ses successeurs non plus. Mais en 1270 une armée dirigée par Baybars (sultan d'Égypte de 1260 à 1277) en fit le siège. À l'intérieur, les 200 chevaliers tinrent six semaines, mais les engins de Baybars firent de tels dégâts aux murailles que ses soldats parvinrent à pénétrer dans la place. Les Hospitaliers se rendirent, avec la promesse d'avoir la vie sauve. Le krak des Chevaliers était finalement tombé.

▲ En Pologne, la pierre a été utilisée bien plus tard que dans le reste de l'Europe pour construire les châteaux, parce qu'il était plus facile de se procurer du bois. Le premier château construit à Bedzin *(ci-dessus)*, à l'origine en bois, fut incendié deux fois ; Casimir le Grand (roi de Pologne de 1333 à 1370) le fit reconstruire en pierre.

Châteaux au bord de l'eau

Aujourd'hui, quand on parcourt le Rhin en bateau entre Mayence et Cologne, on est frappé par le grand nombre de châteaux qui se dressent sur chaque rive. Pourtant, la plupart n'étaient pas, au départ, de véritables châteaux mais de simples postes de douane chargés de percevoir des taxes sur tous les bateaux qui passaient.

Les barons brigands

Au Moyen Âge, le Rhin n'était pas le fleuve paisible que nous connaissons : rois et princes d'Allemagne s'en disputaient la maîtrise – et surtout celle du commerce, très lucratif. Aussi construisirent-ils des châteaux pour contrôler tant les personnes que les navires, qu'ils taxaient lourdement, ce qui leur permettait de s'enrichir. Certains imposèrent des taxes si lourdes qu'on les appela les barons brigands.

Ils acquirent un tel pouvoir que les grandes villes situées sur le Rhin, dont le commerce souffrait beaucoup de ces taxes, constituèrent en 1254 la Ligue des villes rhénanes pour les combattre. En 1272, l'empereur Rodolphe Ier de Habsbourg (à la tête du Saint Empire romain germanique de 1273 à 1291) vint à leur secours et écrasa les barons. Quatre de leurs châteaux furent saisis, d'autres abîmés, et la paix revint progressivement.

▲ Louis le Bavarois, ici présenté comme un saint, construisit Pfalzgrafenstein pour contrôler le trafic sur cette partie du Rhin et taxer les bateaux qui l'empruntaient.

Un poste de douane

Pourtant, les seigneurs locaux avaient toujours besoin de collecter les taxes. C'était le cas de Louis le Bavarois (Louis IV de Bavière, empereur germanique de 1314 à 1346), qui possédait de vastes domaines dans la vallée du Rhin. En 1327, il construisit une tour sur un îlot du Rhin, à partir duquel ses propres navires pouvaient intercepter tous les bateaux qui passaient et ainsi collecter des taxes et veiller à ce que le fleuve ne fût pas utilisé à des fins hostiles.

► Perché sur un îlot rocheux, Pfalzgrafenstein est le seul des châteaux du Rhin à être construit dans le lit même du fleuve.

► Depuis le poste de commandement, situé tout en haut du donjon, on pouvait surveiller le trafic sur le fleuve. Si l'intérieur a été modernisé, cette salle montre bien qu'il s'agissait d'un bâtiment administratif et non d'une installation militaire fortifiée.

Un « navire de pierre »

Le donjon de Pfalzgrafenstein, construit en 1337, était flanqué d'un bâtiment à six côtés dont les murs extérieurs étaient suffisamment élevés pour protéger les locaux d'habitation. Ce genre de construction est typique des châteaux d'Allemagne. Le château fut bientôt surnommé le « navire de pierre », car il semblait voguer sur le Rhin toutes voiles déployées. S'il a occasionnellement connu la guerre, il servit principalement à collecter des taxes auprès des usagers du fleuve.

L'Alhambra de Grenade (ESPAGNE

Quand on parle de forteresse, on imagine un redoutable bâtiment avec de puissantes murailles, peu de décoration et encore moins de confort ou de luxe. Le plus souvent, c'est vrai. Mais il y a, dans le sud de l'Espagne, un superbe château entouré de splendides jardins qui ressemble plutôt à un palais.

Une place forte et raffinée

L'Alhambra de Grenade fut construit entre 1238 et 1358 par les Maures, des Arabes musulmans venus d'Afrique du Nord qui, en 711, avaient conquis la plus grande partie de l'Espagne. C'étaient des combattants éprouvés qui avaient besoin d'une forteresse pour contrôler le royaume qu'ils avaient établi en Espagne. C'était aussi un peuple très cultivé qui aimait vivre dans le luxe.

▼ Le château de l'Alhambra abrite de magnifiques jardins, avec une flore luxuriante et des fontaines, notamment le Patio de la Acequia, aménagé à l'intérieur du Generalife, ou palais d'été.

Tout rouge

En arabe, le mot *al-hamra* signifie « rouge » ; c'est la couleur des briques de terre cuite qui composent l'enceinte. La forteresse se dresse au sommet d'une colline. Ses remparts, garnis de 23 tours et de 4 châtelets d'entrée, protégeaient de multiples bâtiments : des mosquées pour le culte, 7 palais où logeaient les princes maures, une forteresse pour la garnison, une prison et même un atelier de fabrication de monnaie. Tous ces bâtiments étaient reliés par des galeries couvertes et entourés de somptueux jardins, à la fraîcheur bienvenue l'été.

Violence au palais

Malgré la beauté de ce palais, l'un des plus beaux du monde, la violence n'y était pas rare. La salle des Abencérages, remarquablement décorée, rappelle le souvenir de Boabdil, dernier roi musulman de Grenade, qui fit décapiter tous les fils de sa première femme pour que le fils de sa seconde femme pût lui succéder. Les Maures furent expulsés de leur palais en 1492 par Ferdinand et Isabelle, les Rois Catholiques, qui avaient associé leurs deux royaumes, l'Aragon et la Castille, pour unifier le pays et qui finirent par expulser les musulmans d'Espagne.

▲ L'eau des collines environnantes arrive à l'Alhambra par une galerie couverte de 1 600 m de long. Elle alimente les nombreux bassins, fontaines et canaux d'irrigation qui décorent l'intérieur du palais et ses multiples cours.

► Les colonnes et fenêtres cintrées de l'Alhambra sont remarquablement décorées de motifs géométriques, réalisés en plâtre : celui-ci était appliqué sur la pierre et on le gravait pendant qu'il était encore humide. Ailleurs, des céramiques, ou *azulejos*, ornaient les sols et les murs bas.

◀ Cette vue aérienne de Carcassonne donne une idée des dimensions et de la complexité de ses fortifications. Située en haut d'une colline, protégée par des enceintes concentriques, une puissante citadelle et une barbacane *(photo ci-dessous)*, la ville est presque imprenable.

Grandes cités fortifiées d'Europe

Les premières villes furent construites il y a quelque 6 000 ans au Proche-Orient et, pour se protéger, leurs habitants ont toujours élevé des murs, sous une forme ou une autre. Au Moyen Âge, ces éléments défensifs sont devenus de véritables fortifications, en particulier en Europe.

Les murailles : une nécessité

Au Moyen Âge, l'Europe était en permanence déchirée et ravagée par des conflits. Le pouvoir réel était exercé non pas tant par le roi que par ses seigneurs féodaux, qui possédaient de vastes domaines et disposaient de leurs propres armées. Les rivalités entre seigneurs tournaient souvent à l'affrontement. De ce fait, les villes devaient être fortifiées, ce qui permettait aux habitants de vivre à peu près en sécurité.

▲ Carcassonne est entourée d'une série de murs concentriques : l'enceinte extérieure compte 17 tours, et le rempart intérieur, plus élevé, 29.

Tout un système de défense

Dans beaucoup de villes, on réemployait, en les renforçant, des fortifications construites par les Romains, auxquelles on ajoutait souvent une citadelle fortifiée pour la garnison et les services administratifs. On entourait cette enceinte d'une seconde, ce qui permettait d'avoir une double ligne de défense. Ces remparts se complétaient par des tours, tant pour surveiller les alentours que pour lancer diverses sortes de projectiles sur les assaillants. Chaque porte de la ville était contrôlée par un puissant châtelet d'entrée et des barbacanes.

Carcassonne

Carcassonne, dans le sud-est de la France, en est peut-être le meilleur exemple. Longtemps gouvernée par la famille Trencavel, elle devint forteresse royale en 1209. En 1240, les Trencavel essayèrent d'en reprendre le contrôle à Louis IX (Saint Louis, roi de France de 1226 à 1270). À l'époque, elle avait encore une bonne partie des murailles construites par les Romains et les Wisigoths et qui dataient parfois de plus de 1 300 ans. Saint Louis décida de la reconstruire pour mieux défendre sa frontière avec l'Espagne.

► Monteriggioni, en Toscane (Italie), est l'une des plus remarquables villes fortifiées d'Europe. Construite en 1214, elle ne comporte qu'une seule muraille, presque circulaire, longue de 560 m et ponctuée de 14 tours.

La ville la mieux fortifiée d'Europe

Le roi commença par installer tous les habitants sur l'autre rive de l'Aude, puis il fit relever les murailles existantes et les entoura d'une seconde enceinte fortifiée. De nouvelles tours et barbacanes furent construites, et les autres fortifications renforcées. Lorsque les travaux furent achevés en 1285, Carcassonne était réputée être la ville la mieux fortifiée d'Europe. Personne n'essaya de l'assiéger, et elle garda sa réputation jusqu'au traité des Pyrénées, par lequel la frontière entre la France et l'Espagne, qui passait au nord de Perpignan, fut repoussée jusqu'aux Pyrénées.

▼ Les Romains furent les premiers à fortifier le site de Carcassonne, au Ier siècle av. J.-C. Au VIe siècle, les envahisseurs wisigoths s'en servirent pour construire leurs propres fortifications, qui protégèrent la ville pendant plus de 700 ans.

Le château de Himeji (JAPON)

Surplombant la plaine de Harima, dans le centre du Japon, l'imposante forteresse en bois de Himeji a été conçue pour résister à tous les projectiles. Or elle n'a jamais essuyé le moindre coup de feu : elle devint bientôt un palais où résidait le *daimyo* (seigneur) local.

▲ Au Japon, le samouraï était un guerrier chevronné qui combattait pour son *daimyo*. Le *daimyo* et ses samouraïs avaient un très grand pouvoir dans leur région mais, au début du XVIIe siècle, un gouvernement central fort leur imposa son pouvoir.

Le premier château

Au Moyen Âge, le Japon était ravagé par d'incessants conflits entre les *daimyos* qui rivalisaient entre eux pour accroître leur pouvoir. En 1580, l'un d'eux, Hashiba Hideyoshi (1536-1598), construisit un château à Himeji pour renforcer son emprise sur la région. Au début, il ne s'agissait que d'une tour fortifiée, haute de trois étages (un *tenshukaku*). Mais, en 1609, le nouveau *daimyo,* Ikeda Terumasa (1564-1613), l'agrandit et la fortifia, lui donnant l'apparence que nous connaissons aujourd'hui.

▲ Dans les galeries extérieures, des lances et des arquebuses étaient stockées sur des barres de bois. Les défenseurs tiraient par des meurtrières aménagées dans le haut des murs.

Un château bien fortifié

Le château de Himeji est entouré d'un fossé, dont une partie se divise pour former une double ligne de défense. Le long du fossé, une haute muraille et des portes fortifiées préservent les cours extérieures. Les cours intérieures sont protégées par une série de fortifications en zigzag. Au centre de ce complexe se dresse la demeure principale, haute de 8 étages, reliée à 3 autres donjons par des bâtiments moins élevés. La structure de bois repose sur une assise de pierre, ce qui lui permet de résister aux tremblements de terre, fréquents au Japon.

► Le château de Himeji est appelé « château du Héron blanc » : ses toitures arrondies et son revêtement de plâtre rappellent cet oiseau, très commun au Japon.

La tour principale
Elle fut conçue de façon à pouvoir résister à tous les assauts. Édifiée sur une assise de roche et de terre, sa structure de bois est revêtue de plâtre blanc résistant au feu et aux balles. Pour pénétrer dans la forteresse, les assaillants devaient passer par toute une série d'entrées fortifiées et de passages étroits et coudés. Dans tous les murs étaient aménagées des meurtrières, et des mâchicoulis dissimulés sous les avant-toits permettaient de déverser sur les assaillants des pierres et autres projectiles.

▲ Pour les Japonais, plus le toit et les pignons étaient imposants et décorés, plus le pouvoir et le prestige du propriétaire de l'édifice étaient grands. À Himeji, les toits présentent une profusion d'ornements : pignons superbement ouvragés, avant-toits massifs et tuiles de bois décorées.

Forteresse, puis résidence
À l'époque où Himeji fut construit, on commençait à utiliser au Japon les premières armes à feu : fusils et mousquets. Les canons étant encore rares, un château comme celui-ci aurait pu résister à n'importe quel siège. Mais c'est précisément à cette époque que prit fin l'instabilité politique du Japon : au début du XVIIe siècle, le grand *shogun* (seigneur de la guerre) Ieyasu Tokugawa (1542-1616) brisa la puissance des *daimyos* et de leurs samouraïs et inaugura une longue période de paix. N'ayant plus de raison d'être, la forteresse de Himeji devint une luxueuse résidence.

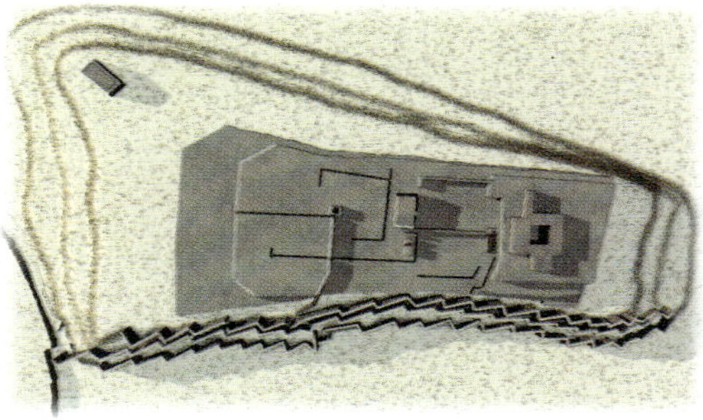

▲ À Cuzco, capitale des Incas, la forteresse de Sacsahuamán occupait la partie ouest *(en haut et à gauche du plan).*

Sacsahuamán (PÉROU)

Lorsque, en 1532, le conquistador espagnol Francisco Pizarro pénétra dans l'Empire inca, en Amérique du Sud, il y cherchait de l'or et de l'argent. Il en trouva en abondance, mais il découvrit aussi l'une des plus formidables constructions du monde : la forteresse en pierre de Sacsahuamán.

Les Incas

L'expansion des Incas commença dans les années 1430. Bientôt, leur empire s'étendit sur 3 200 km tout au long de la côte du Pacifique, couvrant ce qui est aujourd'hui l'Équateur, le Pérou, la Bolivie et le Chili. Leur civilisation fut probablement la plus avancée de l'époque. Dans leur empire montagneux, les Incas créèrent un immense réseau de routes, avec des ponts suspendus pour franchir les torrents. Ils transformèrent les pentes abruptes en terrasses cultivées et, surtout, ils bâtirent des villes extraordinaires avec, pour les protéger, de formidables forteresses comme celle de Sacsahuamán.

▼ Les Incas ne connaissaient pas la roue. Ils faisaient glisser les blocs de pierre sur des rouleaux jusqu'au chantier. Là, ils les hissaient sur des rampes ou à l'aide de poulies. Chaque pierre était taillée individuellement de façon à s'adapter parfaitement à ses voisines.

D'énormes pierres taillées

Sacsahuamán est un mot inca qui signifie « faucon satisfait ». La forteresse fut construite au XVe siècle pour défendre la capitale : Cuzco. Longue de 530 m, elle se composait de trois murailles massives en terrasses, hautes parfois de 20 m, et construites en zigzag pour retarder les assaillants. À l'intérieur se dressaient 3 tours massives, dont la plus grande avait une base rectangulaire de 21 m de long et comptait 5 étages ; elle pouvait abriter 5 000 soldats. Toute la population de Cuzco pouvait se réfugier dans la forteresse.

Les Incas furent d'exceptionnels bâtisseurs. Pour construire Sacsahuamán, ils réalisèrent d'abord une maquette en argile. Puis les pierres furent taillées une par une aux dimensions voulues et polies à l'aide de burins et de marteaux de pierre et de bronze. Chacune est si admirablement taillée et imbriquée dans les autres qu'on ne peut glisser une lame de couteau entre deux pierres. Certaines sont énormes : la plus grosse a un volume de 115 m^{3} et pèse plus de 360 tonnes.

La fin d'un empire

Malgré sa puissance, l'Empire inca ne put résister aux Espagnols. En 1532, Pizarro et sa petite armée de 240 hommes et 62 chevaux envahirent l'empire. Profitant d'une guerre civile, ils se saisirent de l'empereur inca Atahualpa († 1533), le tuèrent et s'emparèrent de Cuzco. Mais les Incas se réfugièrent dans Sacsahuamán. Trois ans plus tard, les Espagnols en firent le siège et, après une sanglante bataille, s'emparèrent de la forteresse. Au cours des 20 années suivantes, ils la démantelèrent systématiquement. En 1560, il n'en restait presque plus rien.

► L'Espagnol Francisco Pizarro (1475-1541) mena des expéditions, en Amérique du Sud, tout au long de la côte du Pacifique. En 1532, avec une petite armée, il envahit et conquit le vaste Empire inca.

Golconde (INDE)

Quand on se tient dans le vestibule d'entrée du château de Golconde, en Inde, et que l'on frappe des mains, ce bruit s'entend clairement au cœur du fort, à près de 1 km de là. Ce phénomène n'est pas dû au hasard. C'était un système de sécurité qui permettait aux dirigeants d'être avertis de l'arrivée d'un intrus. Dans cette forteresse, tout est extraordinaire.

▲ Près de Golconde furent trouvés deux diamants fabuleux : le *Koh-i-Noor* (« montagne de lumière ») qui, après bien des péripéties, orne maintenant l'une des couronnes d'Angleterre (selon la légende, il ne peut être porté que par une femme) ; et *le Régent,* le plus pur des diamants célèbres, acheté par le régent de France en 1717. Il fut porté par Louis XV et Marie-Antoinette, par Napoléon, puis par l'impératrice Eugénie ; il est désormais au musée du Louvre.

▼ Golconde était une cité fortifiée avec de nombreux palais, mosquées, bâtiments administratifs et boutiques. Du haut de la colline, Golconde dominait la région. Il y avait d'autres palais et d'autres forts en dehors de l'enceinte de la ville.

Le fort du berger

Golconde se dresse sur une colline proche de la ville d'Hyderabad, dans le centre de l'Inde. Selon la légende, au XIIIe siècle, un berger trouva une idole sur la colline et l'apporta au roi. Sur ce site, le roi construisit un fort en brique qu'il appela Golla Konda, ce qui signifie « mont du berger » en telugu, la langue locale. En 1512, Golconde devint un État indépendant. Pendant 62 ans, ses rois musulmans – les Qutub Shahi – reconstruisirent le fort en pierre et édifièrent une ville à proximité, avec de nombreux palais, mosquées et autres bâtiments. Ils étaient tous conçus de façon que la brise fraîche circule bien pendant les chauds mois d'été. Des canalisations amenaient l'eau dans chaque bâtiment et dans les jardins, qui comptaient de nombreux bassins et fontaines. Le fort et la ville étaient entourés, sur une longueur d'environ 11 km, de murailles fortifiées.

► La forteresse principale de Golconde est bâtie sur un piton de granit haut de 120 m. Il n'en reste guère que des ruines, mais elles donnent une bonne idée de ce que furent ses dimensions impressionnantes. Son enceinte de granit, longue de 5 km, était renforcée par des ouvrages défensifs. Des parapets étaient aménagés pour des canons pouvant envoyer des projectiles à 2,5 km. L'enceinte de la ville comptait 8 portes ; elles étaient protégées par des pointes de fer pour empêcher les éléphants de guerre de les forcer !

▲ En 1687, l'empereur moghol (descendant des empereurs de Mongolie) Aurangzeb s'empara de Golconde. Ses successeurs, moins brillants, eurent du mal à préserver l'unité de l'empire, mais ils restèrent immensément riches : en témoignent les somptueuses parures du sultan Akbar Shah II (empereur de 1806 à 1837).

Une richesse légendaire

Golconde devait son importance aux pierres précieuses (en particulier des diamants) extraites dans la région et que les artisans de la ville taillaient, polissaient et sertissaient. Aux XVIe et XVIIe siècles, à son apogée, Golconde était renommée pour sa fabuleuse richesse. Il fut un temps où la route de Golconde à Hyderabad, longue de 10 km, était un marché où des commerçants de toute l'Inde venaient acheter des pierres précieuses, des perles et des bijoux.

Cette richesse suscita la convoitise des empereurs moghols qui, venus d'Afghanistan, envahirent l'Inde en 1526 et établirent un puissant empire dans le nord et le centre du pays. Dans les années 1680, l'empereur Aurangzeb (qui régna de 1658 à 1707) envahit Golconde et occupa la ville. Le fort résista jusqu'en 1687, mais Aurangzeb réussit à s'en emparer par la ruse. Par la suite, la forteresse tomba progressivement en ruine et son glorieux passé finit par s'effacer.

IMPORTANT À RETENIR ! LA GRANDE ÉPOQUE DES CHÂTEAUX

La défense

Lorsqu'un seigneur construisait un château, ce n'était pas simplement pour y habiter avec sa famille et ses chevaliers, mais aussi pour se protéger des intrus. Il s'agissait de bâtiments défensifs, conçus de façon à pouvoir repousser toute attaque. Les **remparts** étaient élevés, avec peu de fenêtres donnant sur l'extérieur. Les fondations étaient profondes et larges pour empêcher l'ennemi de saper les murs et de les faire s'écrouler. Le château était souvent entouré d'un fossé rempli d'eau : les **douves** constituaient un obstacle supplémentaire pour les assaillants. Outre le rempart extérieur, il y avait souvent une seconde enceinte protégeant la cour intérieure : la **chemise**. Enfin, le seigneur pouvait se réfugier dans le **donjon**, toujours puissamment fortifié.

Château à motte sur la tapisserie de Bayeux

L'attaque

Au XIIIe siècle, on commença à construire des châteaux selon un nouveau principe, celui des enceintes concentriques. Le château n'avait alors plus une fonction purement défensive : la double ligne de remparts – l'enceinte extérieure étant plus basse que l'intérieure – permettait aux défenseurs, depuis la muraille intérieure, de défendre le château pendant que les soldats de l'enceinte extérieure pouvaient faire des sorties et porter le combat dans le camp de l'assaillant. On commença aussi à rendre plus difficile l'accès à l'intérieur des remparts : la simple porte fut remplacée par un châtelet d'entrée. Tout cela devait rendre l'ennemi vulnérable en cas d'attaque, et le château plus difficile à prendre. Au début, tant les assaillants que les défenseurs ne comptaient que sur leurs muscles, avec des arcs et des arbalètes, des haches, des piques et des hallebardes. Au XIVe siècle, l'usage de la poudre – avec canons, arquebuses et mousquets – entraîna une modification de la conception des châteaux forts. Les meurtrières (ouvertures étroites) furent élargies, et des supports pour canons furent aménagés dans les murailles.

DÉCOUVERTE +

... sur l'architecture militaire médiévale : www.clioetcalliope.com/medieval/archi/archimenu.htm

... sur la reconstruction d'un château médiéval : www.histoirevivante.org

... sur les châteaux à motte : www.clioetcalliope.com/medieval/archi/motte.htm

... sur les châteaux médiévaux : jeanmichel.rouand.free.fr/chateaux/index.html

... sur Carcassonne : www.carcassonne.culture.fr

Le tailleur de pierre remplace ou répare les pierres abîmées des monuments historiques.

Le conservateur est chargé de l'entretien d'un château ancien.

L'historien médiéviste est un spécialiste du Moyen Âge.

L'armurier restaure et répare les armes médiévales.

L'archiviste identifie les documents (manuscrits) et les classe dans une bibliothèque spécialisée.

L'archéologue effectue des fouilles pour retrouver et étudier les traces matérielles du passé.

Visitez... le château de Langeais (le plus ancien donjon de pierre de France) : www.institut-de-france.fr/patrimoine/langeais/langeais.htm

... Château-Gaillard : remi.placier.free.fr

... le château d'Ussé *(La Belle au bois dormant)* : www.tourisme.fr/usse

... le Haut-Kœnigsbourg : www.haut-koenigsbourg.net

... le château de Ravel *(Les Choristes)* : www.chateauderavel.com

... le château de Monthléry : montlhery.com/chateau7.htm

... le château de Guédelon : www.guedelon.com

Un château en ruine près de Kilgarvin, en Irlande

CHAPITRE 3

La fin d'une époque

La grande époque des châteaux forts s'est terminée au XVIIe siècle. Dans la plupart des pays, des gouvernements forts garantissaient la paix et empêchaient les seigneurs de se faire la guerre. Les châteaux forts n'avaient plus de raison d'être. On se mit à construire des « châteaux » qui étaient, en réalité, de vastes résidences familiales. Au XIXe siècle, des esprits romantiques construisirent des imitations de châteaux médiévaux pour tenter de recréer une époque passée. Mais les gouvernants d'Europe continuèrent à bâtir des forteresses dans leurs colonies d'Afrique et d'Amérique pour défendre leurs intérêts commerciaux. Au début du XXe siècle, on construisit des fortifications (parfois semi-enterrées comme la ligne Maginot en France) pour protéger les frontières nationales. De nos jours, les châteaux forts appartiennent désormais à l'Histoire.

Fort Ticonderoga (ÉTATS-UNIS)

Les châteaux anciens n'ont pas tous été le théâtre d'événements « historiques » : beaucoup ne sont connus que de la seule population locale et ne figurent pas dans les livres d'histoire. Fort Ticonderoga, lui, fait partie de l'histoire des États-Unis. Bâti au XVIIIe siècle entre le lac Champlain et le lac George, au nord de l'État de New York, il fut attaqué 6 fois en 20 ans, et 2 grandes victoires y furent remportées.

► À Ticonderoga, l'enceinte était faite de deux palissades de pieux, entre lesquelles de la terre était tassée. Le tout était recouvert de pierres extraites d'une vallée voisine. Le fort comportait plusieurs bâtiments, en particulier une caserne pour 400 hommes de troupe et un vaste dépôt de munitions. Sa forme en étoile permettait de ne laisser aucun angle mort.

▼ La première bataille de Fort Carillon (c'était alors son nom) eut lieu, le 8 juillet 1758, sur une colline à l'ouest. Grâce à une meilleure tactique, sous les ordres du général Montcalm, les Français, qui n'étaient pourtant que 3750, réussirent à repousser victorieusement les 15000 soldats anglais *(à gauche)*, menés par le général Abercromby (1706-1781).

Le plan en étoile de Vauban

Fort Ticonderoga fut construit entre 1757 et 1758 par les Français, qui gouvernaient alors le Canada. Le fort devait contrôler la principale voie fluviale reliant le Saint-Laurent, au Canada, et l'Hudson, qui arrose l'État de New York, alors contrôlé par les Britanniques. On considérait que Fort Carillon – son nom d'alors – était la « clef du continent » à cause de son emplacement stratégique entre les possessions françaises et anglaises : qui tenait le fort contrôlait le continent. Le fort fut bâti selon un plan en étoile – concept élaboré par Sébastien Le Prestre de Vauban (1633-1707), le commissaire général des fortifications de Louis XIV (roi de France de 1643 à 1715).

En 1756 éclata la guerre de Sept Ans entre la France et l'Angleterre. Deux ans plus tard, les Anglais attaquèrent le fort, sans succès : ce fut l'une des principales victoires des Français. Mais les Anglais revinrent un an plus tard et ils réussirent alors à enlever la place. Ils lui donnèrent son nom actuel, qui signifie « la terre entre deux eaux ».

Haut lieu de la révolution américaine

Le fort connut un autre épisode glorieux lorsque, le 10 mai 1775, Ethan Allen (1738-1789) et sa milice des Green Mountain Boys, venus de l'État voisin du Vermont, traversèrent de nuit le lac Champlain et prirent le fort aux Anglais. Ce fut la première victoire des Américains au cours de leur guerre d'Indépendance (1775-1783). En 1776, les Anglais essayèrent de reprendre le fort, sans succès. Ils finirent par s'en emparer en juillet 1777 et repoussèrent une attaque des Américains en septembre 1777. Lorsque ces derniers eurent conquis leur indépendance en 1783, ils récupérèrent le fort.

Fort Sumter (ÉTATS-UNIS)

▲ Les défenseurs de Fort Sumter disposaient de 48 canons, mais ils avaient peu de munitions. Ils furent bientôt débordés par les confédérés, qui firent venir des canons d'autres forts et batteries proches de Charleston.

Le 11 avril 1861, à 4 h 30 du matin, un coup de canon fut tiré contre Fort Sumter, dans le port de Charleston, en Caroline du Sud (États-Unis). Ce coup de canon marqua le début de la guerre de Sécession entre le nord et le sud des États-Unis ; elle dura 4 ans et fit plus de 600 000 morts.

Un pays divisé

Depuis que les États-Unis avaient arraché leur indépendance à l'Angleterre en 1776, le pays était divisé entre les États du Sud, qui employaient des esclaves dans leurs plantations de coton et d'autres produits, et les États du Nord, qui étaient contre l'esclavage et voulaient étendre leur puissance financière. Le conflit se durcit en 1860 lorsque fut élu à la présidence Abraham Lincoln (président de 1861 à 1865), un anti-esclavagiste. Le mois suivant, la Caroline du Sud quitta l'Union en signe de protestation, bientôt suivie par dix autres États. Ces onze États constituèrent alors les États confédérés d'Amérique.

La prise du fort
La guerre était proche. Les confédérés (États du Sud) commencèrent à s'emparer d'arsenaux et de forts appartenant à l'Union (États du Nord). En réaction, le major Robert Anderson (1805-1871), commandant les troupes de l'Union à Charleston, occupa Fort Sumter, bâti sur un îlot au milieu de la baie. Mais les armées confédérées firent le blocus du port, empêchant les navires de ravitailler le fort en hommes et en munitions. Le major Anderson, ses 85 militaires et 43 ouvriers étaient assiégés.

Une guerre longue et dure
Lorsque Anderson refusa de se rendre, le général confédéré Pierre Gustave Toutant Beauregard (1818-1893) donna l'ordre d'ouvrir le feu. La bataille fit rage jusqu'au 12 avril : à 14 h 30, des obus confédérés ayant mis le feu au fort, le général Anderson se rendit. Le drapeau de l'Union fut amené et, après une cérémonie officielle de reddition, Anderson et ses hommes furent envoyés par bateau à New York, où ils furent reçus en héros. Le président Lincoln réagit immédiatement : le 15 avril, il fit appel à 75 000 volontaires pour écraser l'« insurrection ». La guerre civile avait commencé ; elle fut longue et dure, et ne se termina qu'en 1865.

▲ Fort Sumter fut construit en 1829-1830 à l'entrée du port de Charleston. Il doit son nom au général Thomas Sumter (1734-1832), héros de la guerre d'Indépendance américaine (1775-1783). En souvenir de son rôle éminent pendant la guerre de Sécession, il fut classé monument national en 1948.

▼ En dépit d'une canonnade intensive qui dura 34 heures, personne ne fut tué ou grièvement blessé. Un obus lancé par l'armée des États confédérés arracha de sa hampe le drapeau de l'Union. Au risque de sa vie, un sergent de l'Union escalada le poteau pour le remettre en place. Si le drapeau était en loques, le sergent s'en tira sans aucun mal.

L'enclos d'Eureka (AUSTRALIE)

L'Australie n'a pas connu les châteaux forts : ses habitants, les Aborigènes, n'en avaient pas besoin. En Nouvelle-Zélande, les Maoris se contentaient de dresser des palissades, mais, dans l'ensemble, les différentes tribus coexistaient pacifiquement. En fait, les fortifications érigées sur ce continent le furent par les colons britanniques au XIXe siècle. Le seul véritable affrontement, de triste mémoire, eut lieu à l'enclos d'Eureka.

▲ Si l'on ne sait pas où se trouvait exactement l'enclos d'Eureka, les événements qui s'y sont déroulés sont historiques. L'Australie était alors une colonie britannique. Un jour, dans cet enclos défendu par une simple palissade, des mineurs australiens remplacèrent le drapeau britannique par un drapeau bleu avec les cinq étoiles de la Croix du Sud. Lors de l'assaut, ce drapeau fut arraché, mais il demeura un symbole de liberté, en particulier pour les Australiens qui voulaient établir la république.

▼ En 1851, la ruée vers l'or attira en Australie des prospecteurs du monde entier qui espéraient faire fortune. Ils vivaient dans des cantonnements primitifs, faits de logements de fortune, aussi près que possible des mines d'or. Dès qu'ils avaient un peu d'argent, ils le dépensaient à boire et à jouer, au lieu d'améliorer leur logis.

Symbole de liberté

Les 1er et 2 décembre, menés par l'Irlandais Peter Lalor (1827-1889), les mineurs construisirent un enclos avec des étais de mines près du village d'Eureka. Les 150 mineurs qui s'y étaient retranchés, armés de fusils ou de simples pics, étaient décidés à s'opposer à ce qu'ils considéraient comme une autorité corrompue. Le dimanche 3 au matin, l'armée encercla l'enclos. Les mineurs ouvrirent le feu, mais ils ne purent pas grand-chose contre les militaires, qui tuèrent 24 d'entre eux. La révolte fut écrasée en un quart d'heure, mais l'enclos d'Eureka est entré dans l'Histoire comme un symbole de la résistance des ouvriers à une autorité injuste.

La ruée vers l'or

Le 12 février 1851, Edward Hargraves (1816-1891), qui avait participé à la ruée vers l'or de Californie en 1848, trouva de l'or dans les collines à 160 km de Sydney. On découvrit ensuite un gisement à Ballarat, à 120 km de Melbourne. Beaucoup de prospecteurs étaient des émigrants qui avaient fui la famine en Irlande et la pauvreté en Grande-Bretagne. C'est pourquoi beaucoup d'entre eux ne manifestaient pas le moindre respect envers les autorités britanniques d'Australie.

Un affrontement inévitable

Celles-ci essayèrent bien de contrôler le mouvement en accordant des permis de prospection, mais il y eut des abus, et les relations avec les mineurs se détériorèrent. Le 6 octobre 1854, deux mineurs demandèrent à boire à l'hôtel Eureka de Ballarat, mais le propriétaire refusa de les laisser entrer, et une bagarre éclata ; l'un des mineurs mourut sous les coups du propriétaire, qui ne fut pas condamné. Les mineurs organisèrent alors une manifestation. Lorsqu'on fit appel à l'armée, la confrontation parut inévitable.

▶ En Nouvelle-Zélande, les Maoris construisaient des palissades de bois pour se protéger des tribus ennemies. Il s'agissait simplement de pieux de bois enfoncés dans le sol et attachés par des cordes.

Le fort de Douaumont (FRANCE)

En 1914 éclata en Europe la Première Guerre mondiale. Elle fit des millions de morts et de blessés, surtout sur le front ouest, où les Allemands affrontaient les Français et leurs alliés. L'une des principales batailles eut lieu en 1916, dans les environs de Verdun ; elle fut très longue et sanglante. Pourtant, un épisode de cette bataille frisa le ridicule.

L'importance de Verdun

La ville de Verdun, proche de la frontière allemande, protégeait la principale voie d'accès à Paris. Aussi les Français l'avaient-ils entourée d'une ligne de fortifications : la ligne Maginot, avec en particulier le fort de Douaumont. L'armée allemande attaqua Verdun et ses défenses dans l'espoir de « saigner à mort » la France. Mais la France avait décidé de « tenir ».

▼ Pour repousser l'attaque allemande sur Verdun, les Français employèrent un grand nombre de pièces d'artillerie lourde, dont des mortiers de ce type.

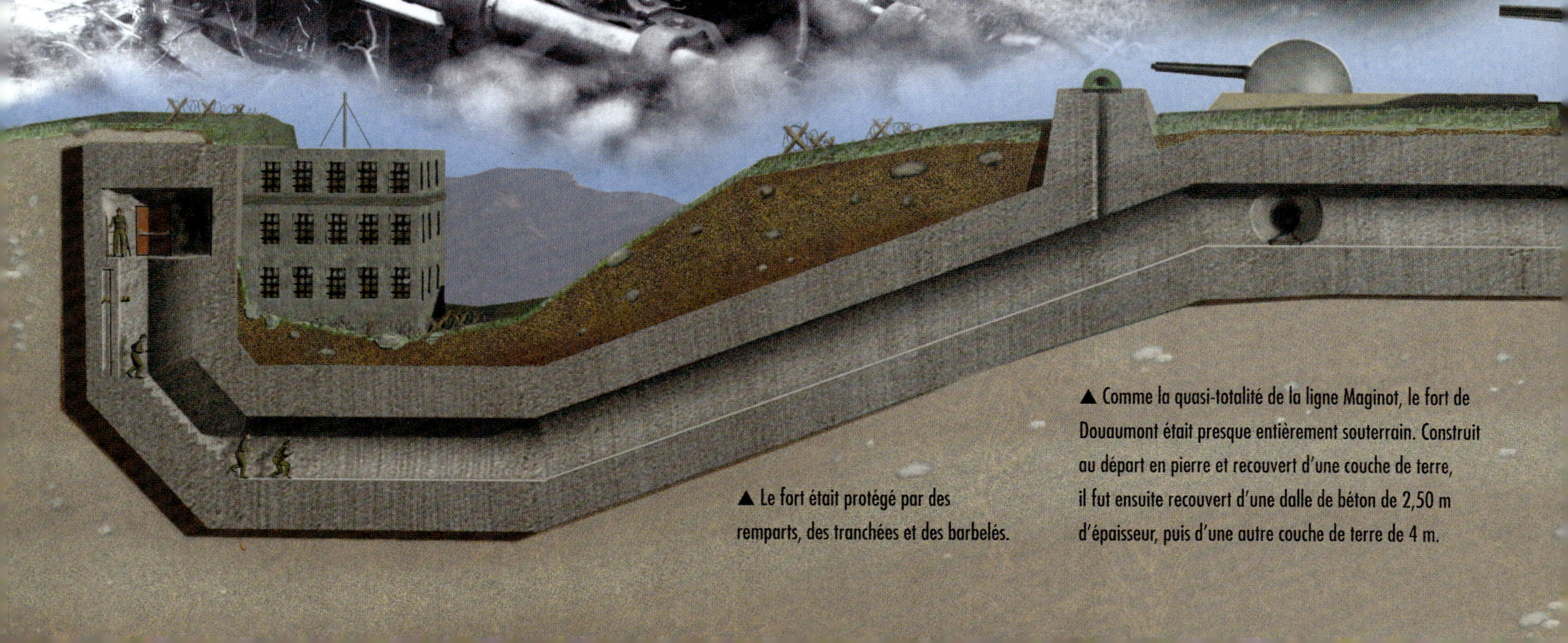

▲ Le fort était protégé par des remparts, des tranchées et des barbelés.

▲ Comme la quasi-totalité de la ligne Maginot, le fort de Douaumont était presque entièrement souterrain. Construit au départ en pierre et recouvert d'une couche de terre, il fut ensuite recouvert d'une dalle de béton de 2,50 m d'épaisseur, puis d'une autre couche de terre de 4 m.

◄ La bataille de Verdun fit 730 000 morts et blessés, français et allemands. Cette photographie, qui provient d'un film tourné sur le champ de bataille, montre bien l'horreur à laquelle furent confrontés les soldats.

► En 1916, les deux armées pilonnèrent lourdement les forts entourant Verdun pour essayer d'en prendre le contrôle, ainsi que l'illustre cette photographie d'époque du fort de Douaumont.

La prise du fort de Douaumont

Le 21 février 1916, l'armée allemande déclencha sur les deux rives de la Meuse un tir d'artillerie massif sur Verdun et progressa vers la ville. Quatre jours plus tard, une section du 24e régiment de Brandebourg, menée par le jeune sergent Kunze, arriva jusqu'au fort de Douaumont et coupa les barbelés. Un obus projeta Kunze dans une tranchée ; ses hommes le suivirent. Il leur ordonna de former une pyramide et put ainsi pénétrer dans le fort par l'embrasure d'un canon. Deux de ses hommes l'accompagnèrent. Il ne savait pas que le fort n'était défendu que par 66 militaires âgés, dont la plupart assistaient à une conférence.

La reddition

Les trois Allemands enfermèrent les Français dans la salle de conférence, assommèrent les servants de canons et s'offrirent un bon repas. Deux autres officiers allemands pénétrèrent pareillement dans le fort et, à eux cinq, ils s'emparèrent de toutes les armes. Douaumont était tombé en moins de 2 heures aux mains de cinq hommes !

En France, le choc fut terrible. On mobilisa toutes les voitures de Paris pour envoyer des renforts (ce furent les « taxis de la Marne »), et Douaumont fut repris le 24 octobre. En décembre 1916, la bataille de Verdun était gagnée par la France.

▲ Le fort de Douaumont était armé d'une tourelle de 75, d'une tourelle de 155, de 2 tourelles de mitrailleuses, de 4 observatoires cuirassés et de 5 postes d'observation. Vu de haut, il ressemblait à une flèche pointée vers l'est.

▲ Les casernes, les magasins et d'autres pièces, dont la fameuse salle de conférence, donnaient sur un couloir central ; tout était enterré.

Châteaux romantiques

Au XIXe siècle, les châteaux forts n'étaient plus au cœur de l'Histoire. D'un point de vue militaire, ils n'avaient plus de rôle. Certains furent transformés en casernes, d'autres en logis de luxe, d'autres encore tombèrent en ruine, leurs pierres servant à construire les maisons des environs. Mais il y eut un homme, le roi Louis II de Bavière, qui, passionné par le Moyen Âge, voulut faire construire son propre château : ce fut Neuschwanstein.

▲ Louis II fut roi de Bavière de 1864 à 1886. Il dépensa presque tout son argent à financer des artistes et à construire des imitations de châteaux médiévaux. Il fut finalement déclaré fou, et il mourut noyé dans un lac proche de Neuschwanstein.

Un château d'opéra

Plutôt que de gouverner son pays, la Bavière, Louis II préférait consacrer son temps et son argent à la musique : il aida en particulier le musicien Richard Wagner (1813-1883), qui composa, entre autres, l'*Anneau du Nibelung,* série de 4 opéras inspirés de la mythologie germanique. Louis II vivait dans un monde imaginaire – il finit d'ailleurs par sombrer dans la folie – et rêvait d'un château dans le style des décors des opéras de Wagner. À Neuschwanstein, ses appartements privés s'inspiraient de *Tristan et Iseult,* et la salle de bal est ornée de personnages de *Parsifal,* deux autres opéras du compositeur allemand.

Construit par un peintre

Neuschwanstein fut conçu non par un architecte mais par un peintre allemand spécialiste des décors d'opéra. Sa construction dura 17 ans et fut très coûteuse. Pourtant, s'il ressemble à un château médiéval, avec ses tourelles, ses parapets et ses bastions, il n'a jamais eu aucune fonction militaire. En fait, c'était un logis splendide et moderne, avec chauffage central et eau froide courante. Si certaines parties sont restées inachevées, l'essentiel du château fut terminé en 1892 ; Louis II était déjà mort depuis 6 ans.

▲ Louis II ne fut pas le seul à se passionner pour les châteaux médiévaux. Le XIXe siècle vit de nombreux excentriques construire une imitation de château fort et même des fausses ruines ! Ci-dessus, la tour de Broadway, en Angleterre.

▼ Le château de Neuschwanstein paraît d'autant plus grand et imposant qu'il se dresse au sommet d'un éperon rocheux qui domine une bonne partie des Alpes bavaroises, avec leurs pics, leurs vallées et leurs lacs.

Ce que les ruines nous apprennent

Comme nous l'avons vu dans ce livre, en matière de châteaux forts et de fortifications, on trouve un peu de tout : parfois un simple donjon, parfois un vaste ensemble de remparts, de cours, de tours ou de douves. Construits d'abord en bois, ils le furent ensuite en brique et en pierre. Certains sont en ruine, d'autres ont été modernisés ; certains sont habités, d'autres se visitent. Parfois, vous ne verrez qu'un tas de pierres, mais elles sont chargées d'histoire.

▲ Même si les planchers ont depuis longtemps disparu, l'emplacement des fenêtres ou d'une cheminée permet de connaître le nombre d'étages qu'il y avait à l'origine ainsi que la disposition des pièces.

Interpréter ce que disent les ruines

Quand un château est bien préservé ou restauré, il est facile de revivre son histoire. Mais des ruines peuvent aussi nous apprendre beaucoup. Les dimensions des fondations et l'épaisseur des murs permettent de calculer la hauteur du donjon. Le tracé des anciens remparts fait comprendre comment le château était défendu. Même un pan de mur en ruine permet de deviner le plan d'ensemble d'un édifice ou l'emplacement d'une barbacane ou d'un bastion disparus.

Jusque dans les égouts

Les historiens peuvent consulter des vieux documents – officiels ou personnels – qui leur racontent par petits bouts l'histoire d'un château. Mais ce sont les archéologues qui révèlent l'essentiel de ce que fut sa vie. Ils analysent tout, scientifiquement : depuis le mortier qui a servi à joindre les pierres jusqu'aux déchets qu'ils trouvent dans les égouts. Ils peuvent ainsi expliquer comment le château a été construit, préciser d'où provenaient les pierres et dire ce que mangeaient les habitants et même s'ils élevaient des chèvres ! Ils retrouvent aussi les pierres qui furent arrachées aux ruines pour construire d'autres bâtiments alentour.

Comment un château traverse-t-il les époques ?

Pourquoi certains châteaux sont-ils en ruine et d'autres pas ? C'est simplement une question de chance. Bon nombre d'entre eux ont connu différents usages successifs en fonction de la situation politique et militaire : d'abord château défensif, puis forteresse massive, avant de devenir résidence royale (le Louvre) ou prison (la Bastille). D'autres ont vécu aussi longtemps que la famille qui les occupait, avant d'être détruits par leur conquérant : Château-Gaillard survécut à sa prise par le roi de France en 1204, mais c'est un autre roi de France, Henri IV, qui le fit détruire en 1603.

▼ Les archéologues étudient de près ces soubassements de murs, au ras du sol, et examinent tout ce qu'ils découvrent dans la terre : tessons de poterie, fragments d'os ou de métal. Tout cela leur permet de reconstituer le plan général du bâtiment et son usage.

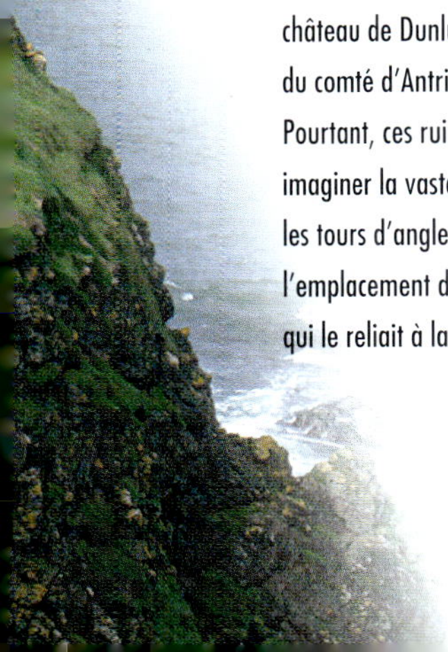

◀ Il ne reste pas grand-chose du château de Dunluce, sur les falaises du comté d'Antrim, en Irlande. Pourtant, ces ruines laissent imaginer la vaste salle rectangulaire, les tours d'angle rondes et l'emplacement du pont-levis qui le reliait à la terre.

Le château aujourd'hui

De nos jours, certains châteaux forts sont encore affectés à un usage militaire (caserne ou services administratifs), mais ils ne sont plus conçus pour résister à une attaque à l'artillerie lourde. D'autres appartiennent à des particuliers, qui y vivent, ou à des collectivités. La plupart sont devenus des musées : on peut se promener dans les cours et les jardins, explorer le donjon, parcourir les remparts et, dans certains cas, assister à un spectacle.

Reconstituer le passé

Lorsque le bâtiment est vide, on a peine à imaginer ce qu'a pu être, il y a si longtemps, la « vie de château ». C'est pourquoi on essaie souvent de recréer le passé en mettant dans les pièces des meubles d'époque ou en rassemblant une collection d'armes anciennes : arbalètes, arquebuses et canons, hallebardes et armures. Ailleurs, une exposition permanente donne une idée du rôle joué dans l'histoire par ce château et des événements qui s'y sont déroulés. Souvent, une brochure complète l'exposition. Des guides commentent le château, expliquent à quoi servait le tas de vieilles pierres que l'on voit dans un coin, font visiter les oubliettes et les combles…

Revivre au passé

Il est très intéressant de voir des spectacles historiques mis en scène dans les châteaux : batailles, sièges ou tournois. Malgré les haut-parleurs et les baraques à frites, on peut imaginer que l'on fait un saut dans le passé. On voit une armée se lancer à l'assaut des remparts, ou le seigneur et ses chevaliers combattre en tournoi : pour s'exercer au combat et impressionner les gentes dames, ils couraient des joutes (s'affrontaient en combats singuliers), revêtus de leur armure, portant leur écu orné de leurs armoiries, les chevaux martelant le sol. Le temps d'une journée, vous pouvez ainsi devenir un chevalier français, un soldat normand ou un archer anglais, vous battant pour votre seigneur et pour votre vie.

▼ On se croirait au Moyen Âge, mais de telles reconstitutions historiques sont organisées dans bien des châteaux. Les chevaliers s'efforcent de se vêtir et de caparaçonner leurs chevaux comme on le faisait autrefois, ce qui donne aux touristes du XXIe siècle une bonne idée de ce que pouvaient éprouver ceux qui participaient à un tournoi ou à une joute il y a quelques siècles.

IMPORTANT À RETENIR ! LA FIN D'UNE ÉPOQUE

Le déclin des châteaux forts

On croit souvent que la poudre à canon et les armes à feu, qui ont commencé à être utilisées en Europe au XIVe siècle, ont rendu les châteaux forts plus vulnérables et donc inutiles. Pourtant, on continuait à en construire 200 ans plus tard. La véritable raison de leur déclin est que la société est devenue plus pacifique et plus stable : les gens pouvaient donc vivre sans craindre d'être attaqués. Certains châteaux tombèrent bientôt en ruine, et leurs pierres servirent à construire d'autres bâtiments. D'autres furent occupés par l'armée, qui en fit des casernes ; d'autres encore furent simplement utilisés comme logis. Mais quelques-uns conservèrent leur fonction militaire, notamment en Europe centrale, à la frontière entre l'Europe chrétienne et sa partie orientale sous domination musulmane. Des forts furent également construits dans les colonies européennes, en particulier en Afrique et en Amérique du Nord.

Fusils de la guerre d'indépendance américaine

Le renouveau des châteaux forts

Au XIXe siècle, on recommença à construire des châteaux forts : on redécouvrait ces symboles du monde médiéval, et on s'en faisait une idée romantique.

Aujourd'hui, ces châteaux revivent : des milliers de touristes les visitent chaque année. On y trouve des musées consacrés à la vie médiévale, ou des reconstitutions d'événements historiques. Ceux qui s'en occupent – artisans spécialisés et conservateurs – sont des passionnés. Des archéologues font des fouilles pour arracher à la terre des indices supplémentaires sur leur histoire et leur vie. Pendant ce temps, les foules parcourent les fossés asséchés et les remparts restaurés, essayant de s'imaginer face à l'attaque imminente d'un ennemi. Les châteaux forts font maintenant tout autant partie de notre vie que lorsqu'ils furent construits.

DÉCOUVERTE +

... sur Fort Ticonderoga aux États-Unis (photo aérienne) : cmhg.gc.ca/cmh/fr/image_201.asp?page_id=243

... sur le fort de Douaumont : members.aol.com/cfmulti/fort2/douaumont.htm

... et la ligne Maginot : www.maginot.org

... sur le château de Neuschwanstein et Louis II de Bavière (en allemand et en anglais) : www.neuschwanstein.com

... sur les reconstitutions historiques :
www.fffsh.com/default1.htm
www.histoirevivante.org
www.puydufou.com/FR

L'ingénieur du son et l'éclairagiste contribuent à mettre en scène un événement historique.

L'accessoiriste et le costumier créent des décors et des costumes historiques.

L'historien de l'architecture étudie la construction des châteaux, tant du Moyen Âge que du XIXe siècle.

L'architecte et le peintre-décorateur peuvent transformer un château ancien en logement moderne.

L'historien donne des conseils sur l'entretien et la rénovation des vieux châteaux.

Visitez... des reconstitutions historiques : www. loriflamme.com

... les châteaux romantiques du Rhin : www.le-rhin-romantique.de

... les grands châteaux classiques de France : www.liensutiles.org/chfrance.htm

... le château de Saumur : www.saumur-tourisme.net/chateausaumur.html

... le château de Cheverny (le Moulinsart des albums de *Tintin*) : perso.wanadoo.fr/tintin.fr/moulinsart.htm

Glossaire

âge de pierre Période au cours de laquelle la pierre fut le principal matériau utilisé pour fabriquer des instruments et des armes.

âge du bronze Période qui va, environ, de 3500 à 1000 av. J.-C. et au cours de laquelle les gens ont utilisé du bronze pour leurs armes et leurs outils. Cette période fut suivi de l'âge du fer.

arbalète Arc que l'on bandait avec un levier.

archère Ouverture verticale pratiquée dans un mur pour tirer avec un arc ou une arbalète *(voir meurtrière)*.

armoiries Couleurs et symboles ornant l'écu du chevalier.

barbacane Tour protégeant le châtelet.

bastion Ouvrage fortifié faisant saillie sur une enceinte.

bélier Poutre servant à enfoncer un mur ou une porte.

caparaçon Armure des chevaux.

« casbah » Dans les pays arabes : maison fortifiée ou château.

catapulte Engin de siège constitué d'un système de poutres et de cordes formant ressort et servant à lancer des projectiles.

château à motte Structure en bois érigée au sommet d'un tertre et reliée par un pont-levis à la basse-cour *(voir cour)*.

château concentrique Château entouré de deux murailles parallèles.

châtelet Structure protégeant l'entrée d'une place forte.

chemise Enceinte protégeant le donjon.

chevalier Noble lourdement armé qui combattait à cheval au service de son seigneur.

citadelle Forteresse bâtie à l'intérieur des remparts de la ville.

corvée Travail que devait effectuer gratuitement le serf pour son seigneur en échange de sa protection.

cour On distingue la « haute-cour », autour du donjon, réservée au seigneur et à la garnison, et la « basse-cour », où vivaient les paysans et les artisans.

courtine Mur d'enceinte entre deux tours.

croisades Série de campagnes militaires lancées, entre 1095 et 1291, par les chrétiens d'Europe pour reprendre aux musulmans le contrôle de la Terre sainte.

donjon Tour principale dominant le château, servant de logis au seigneur et à la garnison.

douve Large fossé rempli d'eau entourant les remparts.

écu Bouclier réservé au chevalier et portant ses armoiries.

féodalité Système social médiéval : les vassaux faisaient serment d'allégeance à un seigneur qui, en retour, leur devait protection.

fief Domaine concédé par un seigneur à un vassal contre certains services.

forteresse Grand bâtiment militaire fortifié, aux murailles très épaisses et très hautes.

Goths Envahisseurs venus du nord-est de l'Europe. On distingue les Ostrogoths : « Goths de l'Est », et les Wisigoths : « Goths de l'Ouest ».

hallebarde Lame fixée au bout d'une perche.

herse Grille de fer à l'entrée d'un château.

joute Combat singulier entre deux chevaliers.

krak Ensemble fortifié construit par les croisés en Palestine et en Syrie.

« ksar » (pluriel : *ksour*) Village fortifié au Maroc.

mâchicoulis Ouverture en haut d'un rempart permettant de lancer des projectiles sur l'assaillant.

mangonneau Catapulte actionnée par des cordes.

mantelet Abri léger en bois protégeant les assaillants pendant le siège.

Maures Arabes musulmans *(voir sarrasins)*.

mausolée Grand monument servant de tombeau.

médiéval Relatif au Moyen Âge.

meurtrière Ouverture étroite et verticale dans un mur pour le tir *(voir archère)*.

Moyen Âge Période de l'histoire européenne qui va de la chute de l'Empire romain (ve siècle) au début de la Renaissance (xve siècle).

muraille Haut mur épais, généralement en pierre.

Ostrogoths *voir Goths.*

pique Longue perche de bois terminée par une pointe de métal.

pont-levis Pont enjambant les douves et qu'on pouvait relever.

rempart Épaisse muraille de pierre entourant le château.

Saint Empire romain germanique Son territoire recouvrait ce qui est aujourd'hui l'Allemagne, la Suisse, l'Autriche, l'Italie du Nord et une partie des Pays-Bas ; il a duré de 962 à 1806.

sapeur Soldat qui creuse des tranchées ou des tunnels.

sarrasins Musulmans venus de Turquie et d'Arabie et ayant envahi, au Moyen Âge, l'Afrique du Nord, l'Espagne et le sud de la France *(voir Maures)*.

serf Paysan attaché à la terre d'un seigneur *(voir vilain)*.

Terre sainte Territoire compris entre le Jourdain et la Méditerranée (actuellement Israël et la Palestine) et où se sont déroulés les événements racontés dans la Bible.

tournoi Simulation d'un combat entre chevaliers qui s'affrontaient en champ clos (à l'intérieur d'une enceinte).

trébuchet Catapulte géante à contrepoids servant à lancer des projectiles très lourds.

vassal Toute personne liée à un seigneur dont il a reçu un domaine (un fief).

vilain Paysan libre cultivant les terres d'un seigneur *(voir serf)*.

Wisigoths *voir Goths.*

Index

Remerciements

L'éditeur remercie les personnes et organismes suivants pour l'autorisation de reproduire leurs documents. Tous les efforts ont été faits pour retrouver les détenteurs de copyright. En cas d'omission involontaire ou s'il n'a pas été possible d'identifier les détenteurs de copyright, l'éditeur s'en excuse et s'engage, s'il en est informé, à procéder aux rectifications nécessaires dans toutes rééditions à venir.

Légende : b = bas, c = centre, g = gauche, d = droite, h = haut

2-3 National Geographic Image Collection (NGIC) ; 4-5 NGIC ; 7 Corbis ; 10*h* Art Archive ; 10-11 English Heritage ; 11*h* English Heritage ; 12*bg* Corbis ; 12-13 NGIC ; 13 Art Archive ; 14*g* Corbis ; 14-15 Kobal ; 15*hg* Mary Evans Picture Library ; 15*hd* Zev Radovan ; 15*b* Corbis ; 16*h* Corbis ; 16*b* Corbis ; 17*h* Bridgeman Art Library (BAL) ; 17*bg* Corbis ; 17*bd* Corbis ; 18*h* Corbis ; 18-19*h* Corbis ; 18-19*b* Corbis ; 19*hd* Corbis ; 19*c* Corbis ; 20 Art Archive ; 21 Robert Harding Picture Library ; 22*b* Art Archive ; 23 Corbis ; 23*hd* English Heritage ; 24 Alamy ; 24-25 DK Images ; 25 DK Images ; 26*hd* BAL ; 27*h* Hutchison Library ; 28*hg* Art Archive ; 28*cg* HIP/Topham ; 28*b* Corbis ; 29*h* HIP/Topham ; 29*bg* Corbis ; 29*bd* Skyscan ; 30*bg* BAL ; 31*hg* BAL ; 31 Corbis ; 32*bd* AKG, London ; 33 Corbis ; 33*hd* Corbis ; 33*bc* BAL ; 34*g* Corbis ; 34-35 Alamy ; 35*hd* Corbis ; 36*hg* Corbis ; 36*bg* Corbis ; 36-37 Corbis ; 37*hd* Scala ; 37*b* Art Archive ; 38*hg* Art Archive ; 38*cd* Corbis ; 38-39 Getty Images ; 39*h* Corbis ; 41 Art Archive ; 42*hg* Corbis ; 42*b* Art Archive ; 43*hg* Art Archive ; 43*b* Corbis ; 45 NGIC ; 46*bg* Corbis ; 46*bd* Corbis ; 47*b* Corbis ; 48*hg* Corbis ; 49*hdg* Corbis ; 50*bg* Corbis ; 50*bd* Corbis ; 51*bc* Corbis ; 51*bd* Corbis ; 52*cg* Corbis ; 52-53 Hulton Getty ; 54*c* Art Archive ; 54-55 Corbis ; 55*hd* Robert Harding Picture Library ; 56*b* Corbis ; 56-57 NGIC ; 57*b* Corbis ; 58*b* Corbis ; 60-61 NGIC

L'éditeur aimerait remercier les illustrateurs suivants :
Mark Bristow 64 ; Robert McKoen et Daniel Shutt 30-31*hg*; Steve Weston (Linden Artists) 1, 8-9 illustration principale, 10-11 illustration principale et *hd*, 22-23*hg*, 26-27 illustration principale, 30-31 illustration, 40-41 illustration principale, 46-47 illustration principale, 48-49 illustration principale, 50-51 illustration principale, 52-53 illustration principale

L'auteur remercie Melissa, Peter et Cee pour l'enthousiasme avec lequel ils ont réalisé la mise en pages et la maquette, et effectué les recherches, ainsi que Gill, qui a commandé cet ouvrage.